प्रेमचन्द की बाल कहानियाँ

भाग–3

प्रेमचन्द की बाल कहानियाँ

भाग-3

श्रृंखला सम्पादक

लीलाधर मंडलोई

चयन एवं प्रस्तुति

चन्द्रकान्त शर्मा

वाणी प्रकाशन ग्रुप
भारतीय ज्ञानपीठ

वाणी प्रकाशन : भारतीय ज्ञानपीठ की पुस्तकों के एकमात्र प्रकाशक एवं वितरक

शिक्षोदय ग्रन्थमाला : ग्रन्थांक 061

सजिल्द दूसरा संस्करण : 2019
सजिल्द तीसरा संस्करण : 2026

वाणी प्रकाशन : भारतीय ज्ञानपीठ की पुस्तकों के एकमात्र प्रकाशक एवं वितरक

वाणी प्रकाशन

4695, 21-ए, दरियागंज, नयी दिल्ली-110 002
दूरभाष : 011-23273167, 23275710
ईमेल : sales@vaniprakashan.in
www.vaniprakashan.com

ISBN : 978-93-263-5548-3

मूल्य : ₹ 295

प्रेमचन्द की बाल कहानियाँ (भाग-3)
(जीवन कथा)
प्रेमचन्द

PREMCHAND KI BAL KAHANIYAN (PART-3)
(Jeevan Katha)
by Premchand

मुद्रक : आर. टेक ऑफ़सेट प्रिंटर्स, दिल्ली-110 032

अनुक्रम

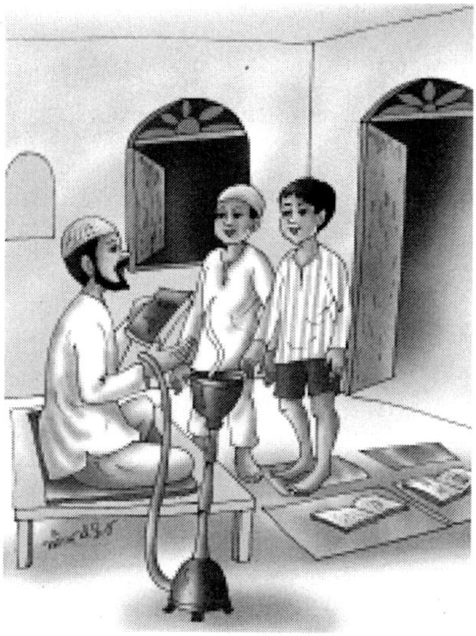

पंच परमेश्वर

जुम्मन शेख और अलगू चौधरी में गाढ़ी मित्रता थी। साझे में खेती होती थी। कुछ लेन-देन में भी साझा था। एक को दूसरे पर अटल विश्वास था। जुम्मन जब हज करने गये थे, तब अपना घर अलगू को सौंप गये थे, और अलगू जब कभी बाहर जाते, तो जुम्मन पर अपना घर छोड़ देते थे। उनमें न खान-पान का व्यवहार था, न धर्म का नाता; केवल विचार मिलते थे। मित्रता का मूलमन्त्र भी यही है।

इस मित्रता का जन्म उसी समय हुआ, जब दोनों मित्र बालक ही थे; और जुम्मन के पूज्य पिता, जुमराती, उन्हें शिक्षा प्रदान करते थे। अलगू ने गुरु जी की बहुत सेवा की थी, खूब रकाबियाँ माँजी, खूब प्याले धोये। उनका हुक्का एक क्षण के लिए भी विश्राम न

लेने पाता था; क्योंकि प्रत्येक चिलम अलगू को आध घंटे तक किताबों से अलग कर देती थी। अलगू के पिता पुराने विचारों के मनुष्य थे। उन्हें शिक्षा की अपेक्षा गुरु की सेवा-शुश्रुषा पर अधिक विश्वास था। वह कहते थे कि विद्या पढ़ने से नहीं आती; जो कुछ होता है, गुरु के आशीर्वाद से। बस, गुरु जी की कृपा-दृष्टि चाहिए। अतएव यदि अलगू पर जुमराती शेख के आशीर्वाद अथवा सत्संग का कुछ फल न हुआ, तो यह मानकर सन्तोष कर लेगा कि विद्योपार्जन में उसने यथाशक्ति कोई बात उठा नहीं रखी, विद्या उसके भाग्य ही में न थी, तो कैसे आती?

मगर जुमराती शेख स्वयं आशीर्वाद के कायल न थे। उन्हें अपने सोटे पर अधिक भरोसा था, और उसी सोटे के प्रताप से आज आस-पास के गाँवों में जुम्मन की पूजा होती थी। उनके लिखे हुए रेहननामे या बैनामे पर कचहरी का मुहर्रिर भी कलम न उठा सकता था। हलके का डाकिया, कांस्टेबिल और तहसील का चपरासी-सब उनकी कृपा की आकांक्षा रखते थे। अतएव अलगू का मान उनके धन के कारण था, तो जुम्मन शेख अपनी अनमोल विद्या से ही सबके आदरपात्र बने थे।

जुम्मन शेख की एक बूढ़ी खाला (मौसी) थी। उसके पास कुछ थोड़ी-सी मिलकियत थी; परन्तु उसके निकट सम्बन्धियों में कोई न था। जुम्मन ने लम्बे-चौड़े वादे करके वह मिलकियत अपने नाम लिखवा ली थी। जब तक दानपत्र की रजिस्ट्री न हुई थी, तब तक खालाजान का खूब आदर-सत्कार किया गया। उन्हें खूब स्वादिष्ट पदार्थ खिलाये गये। हलवे-पुलाव की वर्षा-सी की गयी; पर रजिस्ट्री की मोहर ने इन खातिरदारियों पर भी मानो मुहर लगा दी। जुम्मन की पत्नी करीमन रोटियों के साथ कड़वी बातों के कुछ तेज, तीखे

सालन भी देने लगी। जुम्मन शेख भी निठुर हो गये। अब बेचारी खालाजान को प्राय: नित्य ही ऐसी बातें सुननी पड़ती थीं।

बुढ़िया न जाने कब तक जियेगी। दो-तीन बीघे ऊसर क्या दे दिया, मानो मोल ले लिया है! बघारी दाल के बिना रोटियाँ नहीं उतरतीं! जितना रुपया इसके पेट में झोंक चुके, उतने से तो अब तक गाँव मोल ले लेते।

कुछ दिन खालाजान ने सुना और सहा; पर जब न सहा गया तब जुम्मन से शिकायत की। जुम्मन ने स्थानीय कर्मचारी-गृहस्वामी-के प्रबन्ध में दखल देना उचित न समझा। कुछ दिन तक और यों ही रो-धोकर काम चलता रहा। अन्त में एक दिन खाला ने जुम्मन से कहा—बेटा ! तुम्हारे साथ मेरा निर्वाह न होगा। तुम मुझे रुपये दे दिया करो, मैं अपना पका-खा लूँगी।

जुम्मन ने धृष्टता के साथ उत्तर दिया—रुपये क्या यहाँ फलते हैं?

खाला ने नम्रता से कहा—मुझे कुछ रूखा-सूखा चाहिए भी कि नहीं?

जुम्मन ने गम्भीर स्वर से जवाब दिया—तो कोई यह थोड़े ही समझा था कि तुम मौत से लड़कर आयी हो?

खाला बिगड़ गयीं, उन्होंने पंचायत करने की धमकी दी। जुम्मन हँसे, जिस तरह कोई शिकारी हिरन को जाल की तरफ जाते देख कर मन ही मन हँसता है। वह बोले—हाँ, जरूर पंचायत करो। फैसला हो जाय। मुझे भी यह रात-दिन की खटखट पसन्द नहीं।

पंचायत में किसकी जीत होगी, इस विषय में जुम्मन को कुछ भी सन्देह न था। आस-पास के गाँवों में ऐसा कौन था, जो उसके अनुग्रहों का ऋणी न हो; ऐसा कौन था, जो उसको शत्रु बनाने का

साहस कर सके? किसमें इतना बल था, जो उसका सामना कर सके? आसमान के फरिश्ते तो पंचायत करने आवेंगे नहीं।

2

इसके बाद कई दिन तक बूढ़ी खाला हाथ में एक लकड़ी लिये आस-पास के गाँवों में दौड़ती रहीं। कमर झुक कर कमान हो गयी थी। एक-एक पग चलना दूभर था; मगर बात आ पड़ी थी। उसका निर्णय करना जरूरी था।

बिरला ही कोई भला आदमी होगा, जिसके सामने बुढ़िया ने दुःख के आँसू न बहाये हाँ। किसी ने तो यों ही ऊपरी मन से हूँ-हाँ करके टाल दिया, और किसी ने इस अन्याय पर जमाने को गालियाँ दीं! कहा-कब्र में पाँव लटके हुए हैं, आज मरे कल दूसरा दिन; पर हवस नहीं मानती। अब तुम्हें क्या चाहिए? रोटी खाओ और अल्लाह का नाम लो। तुम्हें अब खेती-बारी से क्या काम है? कुछ ऐसे सज्जन भी थे, जिन्हें हास्य-रस के रसास्वादन का अच्छा अवसर मिला। झुकी हुई कमर, पोपला मुँह, सन के-से बाल—इतनी सामग्री एकत्र हों, तब हँसी क्यों न आवे? ऐसे न्यायप्रिय, दयालु, दीन-वत्सल पुरुष बहुत कम थे, जिन्होंने उस अबला के दुखड़े को गौर से सुना हो और उसको सांत्वना दी हो। चारों ओर से घूम-घाम कर बेचारी अलगू चौधरी के पास आयी। लाठी पटक दी और दम ले कर बोली—बेटा, तुम भी

दम भर के लिए मेरी पंचायत में चले आना।

अलगू—मुझे बुला कर क्या करोगी? कई गाँव के आदमी तो आवेंगे ही।

खाला—अपनी विपद तो सबके आगे रो आयी। अब आने-न-आने का अख्तियार उनको है।

अलगू—यों आने को आ जाऊँगा; मगर पंचायत में मुँह न खोलूँगा।

खाला—क्यों बेटा?

अलगू—अब इसका क्या जवाब दूँ? अपनी खुशी। जुम्मन मेरा पुराना मित्र है। उससे बिगाड़ नहीं कर सकता।

खाला—बेटा, क्या बिगाड़ के डर से ईमान की बात न कहोगे?

हमारे सोये हुए धर्म-ज्ञान की सारी सम्पत्ति लुट जाए, तो उसे खबर नहीं होती, परन्तु ललकार सुन कर वह सचेत हो जाता है। फिर उसे कोई जीत नहीं सकता। अलगू इस सवाल का कोई उत्तर न दे सका, पर उसके हृदय में ये शब्द गूँज रहे थे—क्या बिगाड़ के डर से ईमान की बात न कहोगे?

3

सन्ध्या समय एक पेड़ के नीचे पंचायत बैठी। शेख जुम्मन ने पहले से ही फर्श बिछा रखा था। उन्होंने पान, इलायची, हुक्के-तम्बाकू आदि का प्रबन्ध भी किया था। हाँ, वह स्वयं अलबत्ता अलगू चौधरी के साथ जरा दूर पर बैठे हुए थे। जब पंचायत में कोई आ जाता था, तब दबे हुए सलाम से उसका स्वागत करते थे। जब सूर्य अस्त हो गया और चिड़ियों की कलरवयुक्त पंचायत पेड़ों पर बैठी, तब यहाँ भी पंचायत शुरू हुई। फर्श की एक-एक अंगुल

जमीन भर गयी; पर अधिकांश दर्शक ही थे। निमन्त्रित महाशयों में से केवल वे ही लोग पधारे थे, जिन्हें जुम्मन से अपनी कुछ कसर निकालनी थी। एक कोने में आग सुलग रही थी। नाई ताबड़तोड़ चिलम भर रहा था। यह निर्णय करना असम्भव था कि सुलगते हुए उपलों से अधिक धुआँ निकलता था या चिलम के दमों से। लड़के इधर-उधर दौड़ रहे थे। कोई आपस में गाली-गलौज करते और कोई रोते थे। चारों तरफ कोलाहल मच रहा था। गाँव के कुत्ते इस जमाव को भोज समझ कर झुंड के झुंड जमा हो गये थे।

पंच लोग बैठ गये, तो बूढ़ी खाला ने उनसे विनती की—'पंचो, आज तीन साल हुए, मैंने अपनी सारी जायदाद अपने भानजे जुम्मन के नाम लिख दी थी। इसे आप लोग जानते ही होंगे। जुम्मन ने मुझे ता-हयात रोटी-कपड़ा देना कबूल किया। साल भर तो मैंने इसके साथ रो-धोकर काटा। पर अब रात-दिन का रोना नहीं सहा जाता। मुझे न पेट की रोटी मिलती है न तन का कपड़ा। बेकस बेवा हूँ। कचहरी-दरबार नहीं कर सकती। तुम्हारे सिवा और किसको अपना दुःख सुनाऊँ? तुम लोग जो राह निकाल दो, उसी राह पर चलूँ। अगर मुझमें कोई ऐब देखो, तो मेरे मुँह पर थप्पड़ मारो। जुम्मन में बुराई देखो, तो उसे समझाओ, क्यों एक बेकस की आह लेता है! मैं पंचों का हुक्म सिर-माथे पर चढ़ाऊँगी।'

रामधन मिश्र, जिनके कई असामियों को जुम्मन ने अपने गाँव में बसा लिया था, बोले—जुम्मन मियाँ, किसे पंच बदते हो? अभी

से इसका निपटारा कर लो। फिर जो कुछ पंच कहेंगे, वही मानना पड़ेगा।

जुम्मन को इस समय सदस्यों में विशेषकर वे ही लोग दीख पड़े, जिनसे किसी न किसी कारण उनका वैमनस्य था। जुम्मन बोले—पंचों का हुक्म अल्लाह का हुक्म है। खालाजान जिसे चाहें, उसे बदें। मुझे कोई उज्र नहीं।

खाला ने चिल्ला कर कहा—अरे अल्लाह के बन्दे! पंचों का नाम क्यों नहीं बता देता? कुछ मुझे भी तो मालूम हो।

जुम्मन ने क्रोध से कहा—अब इस वक्त मेरा मुँह न खुलवाओ। तुम्हारी बन पड़ी है, जिसे चाहो, पंच बदो।

खालाजान जुम्मन के आक्षेप को समझ गयीं, वह बोलीं—बेटा, खुदा से डरो, पंच न किसी के दोस्त होते हैं, न किसी के दुश्मन। कैसी बात कहते हो! और तुम्हारा किसी पर विश्वास न हो, तो जाने दो; अलगू चौधरी को तो मानते हो? लो, मैं उन्हीं को सरपंच बदती हूँ।

जुम्मन शेख आनन्द से फूल उठे, परन्तु भावों को छिपा कर बोले—अलगू ही सही, मेरे लिए जैसे रामधन वैसे अलगू।

अलगू इस झमेले में फँसना नहीं चाहते थे। वे कन्नी काटने लगे। बोले—खाला, तुम जानती हो कि मेरी जुम्मन से गाढ़ी दोस्ती है।

खाला ने गम्भीर स्वर में कहा—बेटा, दोस्ती के लिए कोई अपना ईमान नहीं बेचता। पंच के दिल में खुदा बसता है। पंचों के मुँह से जो बात निकलती है, वह खुदा की तरफ से निकलती है।

अलगू चौधरी सरपंच हुए। रामधन मिश्र और जुम्मन के दूसरे

विरोधियों ने बुढ़िया को मन में बहुत कोसा।

अलगू चौधरी बोले—शेख जुम्मन! हम और तुम पुराने दोस्त हैं! जब काम पड़ा, तुमने हमारी मदद की है और हम भी जो कुछ बन पड़ा, तुम्हारी सेवा करते रहे हैं; मगर इस समय तुम और बूढ़ी खाला, दोनों हमारी निगाह में बराबर हो। तुमको पंचों से जो कुछ अर्ज करनी हो, करो।

जुम्मन को पूरा विश्वास था कि अब बाजी मेरी है। अलगू यह सब दिखावे की बातें कर रहा है। अतएव शान्त-चित्त हो कर बोले—पंचो, तीन साल हुए खालाजान ने अपनी जायदाद मेरे नाम हिबा कर दी थी। मैंने उन्हें ता-हयात खाना-कपड़ा देना कबूल किया था। खुदा गवाह है, आज तक मैंने खालाजान को कोई तकलीफ नहीं दी। मैं उन्हें अपनी माँ के समान समझता हूँ। उनकी खिदमत करना मेरा फर्ज है; मगर औरतों में जरा अनबन रहती है, उसमें मेरा क्या बस है? खालाजान मुझसे माहवार खर्च अलग माँगती हैं। जायदाद जितनी है, वह पंचों से छिपी नहीं। उससे इतना मुनाफा नहीं होता है कि माहवार खर्च दे सकूँ। इसके अलावा हिबानामे में माहवार खर्च का कोई जिक्र नहीं। नहीं तो मैं भूल कर भी इस झमेले में न पड़ता। बस, मुझे यही कहना है। आइन्दा पंचों का अख्तियार है, जो फैसला चाहें, करें।

अलगू चौधरी को हमेशा कचहरी से काम पड़ता था। अतएव वह पूरा कानूनी आदमी था। उसने जुम्मन से जिरह शुरू की। एक-एक प्रश्न जुम्मन के हृदय पर हथौड़े की चोट की तरह पड़ता था। रामधन मिश्र इन प्रश्नों पर मुग्ध हुए जाते थे। जुम्मन चकित थे कि अलगू को क्या हो गया। अभी यह अलगू मेरे साथ बैठा हुआ कैसी-कैसी बातें कर रहा था! इतनी ही देर में ऐसी कायापलट

हो गयी कि मेरी जड़ खोदने पर तुला हुआ है। न मालूम कब की कसर यह निकाल रहा है? क्या इतने दिनों की दोस्ती कुछ भी काम न आवेगी?

जुम्मन शेख तो इसी संकल्प-विकल्प में पड़े हुए थे कि इतने में अलगू ने फैसला सुनाया—जुम्मन शेख! पंचो ने इस मामले पर विचार किया। उन्हें यह नीति-संगत मालूम होता है कि खालाजान को माहवार खर्च दिया जाय। हमारा विचार है कि खाला की जायदाद से इतना मुनाफा अवश्य होता है कि माहवार खर्च दिया जा सके। बस, यही हमारा फैसला है, अगर जुम्मन को खर्च देना मंजूर न हो, तो हिबानामा रद्द समझा जाय।

यह फैसला सुनते ही जुम्मन सन्नाटे में आ गये। जो अपना मित्र हो, वह शत्रु का व्यवहार करे और गले पर छुरी फेरे, इसे समय के हेर-फेर के सिवा और क्या कहें? जिस पर पूरा भरोसा था, उसने समय पड़ने पर धोखा दिया। ऐसे ही अवसरों पर झूठे-सच्चे मित्रों की परीक्षा की जाती है। यही कलियुग की दोस्ती है। अगर लोग ऐसे कपटी-धोखेबाज न होते, तो देश में आपत्तियों का प्रकोप क्यों होता? यह हैजा-प्लेग आदि व्याधियाँ दुष्कर्मों के ही दंड हैं।

मगर रामधन मिश्र और अन्य पंच अलगू चौधरी की इस नीति-परायणता की प्रशंसा जी खोलकर कर रहे थे। वे कहते थे—इसका नाम पंचायत है! दूध का दूध और पानी का पानी कर दिया। दोस्ती, दोस्ती की जगह है, किन्तु धर्म का पालन करना मुख्य है। ऐसे ही सत्यवादियों के बल पर पृथ्वी ठहरी है, नहीं तो वह कब की रसातल को चली जाती।

इस फैसले ने अलगू और जुम्मन की दोस्ती की जड़ हिला

दी। अब वे साथ-साथ बातें करते नहीं दिखायी देते। इतना पुराना मित्रता-रूपी वृक्ष सत्य का एक झोंका भी न सह सका। सचमुच वह बालू की ही जमीन पर खड़ा था।

उनमें अब शिष्टाचार का अधिक व्यवहार होने लगा। एक दूसरे की आवभगत ज्यादा करने लगा। वे मिलते-जुलते थे, मगर उसी तरह, जैसे तलवार से ढाल मिलती है।

जुम्मन के चित्त में मित्र की कुटिलता आठों पहर खटका करती थी। उसे हर घड़ी यही चिन्ता रहती थी कि किसी तरह बदला लेने का अवसर मिले।

4

अच्छे कामों की सिद्धि में बड़ी देर लगती है; पर बुरे कामों की सिद्धि में यह बात नहीं होती। जुम्मन को भी बदला लेने का अवसर जल्द ही मिल गया। पिछले साल अलगू चौधरी बटेसर से बैलों की एक बहुत अच्छी गोई मोल लाये थे। बैल पछाहीं जाति के सुन्दर, बड़े-बड़े सींगोंवाले थे। महीनों तक आस-पास के गाँव के लोग दर्शन करते रहे। दैवयोग से जुम्मन की पंचायत के एक महीने के बाद इस जोड़ी का एक बैल मर गया। जुम्मन ने दोस्तों से कहा—यह दगाबाजी की सजा है। इन्सान सब्र भले ही कर जाय, पर खुदा नेक-बद सब देखता है। अलगू को सन्देह हुआ कि जुम्मन ने बैल को विष दिला दिया है। चौधराइन ने भी जुम्मन पर ही इस दुर्घटना का दोषारोपण किया। उसने कहा—जुम्मन ने कुछ कर-करा दिया है। चौधराइन और करीमन में इस विषय पर एक दिन खूब ही वाद-विवाद हुआ। दोनों देवियों ने शब्द-बाहुल्य की नदी बहा दी। व्यंग्य, वक्रोक्ति, अन्योक्ति और उपमा आदि अलंकारों में बातें हुईं। जुम्मन ने किसी तरह शान्ति स्थापित की। उन्होंने

अपनी पत्नी को डाँट-डपट कर समझा दिया। वह उसे उस रणभूमि से हटा भी ले गये। उधर अलगू चौधरी ने समझाने-बुझाने का काम अपने तर्क-पूर्ण सोटे से लिया।

अब अकेला बैल किस काम का? उसका जोड़ बहुत ढूँढ़ा गया, पर न मिला। निदान यह सलाह ठहरी कि इसे बेच डालना चाहिए। गाँव में एक समझू साहु थे, वह इक्का-गाड़ी हाँकते थे। गाँव के गुड़-घी लाद कर मंडी ले जाते, मंडी से तेल, नमक भर लाते, और गाँव में बेचते। इस बैल पर उनका मन लहराया। उन्होंने सोचा, यह बैल हाथ लगे तो दिन-भर में बेखटके तीन खेप हों। आजकल तो एक ही खेप में लाले पड़े रहते हैं। बैल देखा, गाड़ी में दौड़ाया, बाल-भौंरी की पहचान करायी, मोल-तोल किया और उसे ला कर द्वार पर बाँध ही दिया। एक महीने में दाम चुकाने का वादा ठहरा। चौधरी को भी गरज थी ही, घाटे की परवा न की।

समझू साहु ने नया बैल पाया, तो लगे उसे रगेदने। वह दिन में तीन-तीन, चार-चार खेपें करने लगे। न चारे की फिक्र थी, न पानी की, बस खेपों से काम था। मंडी ले गये, वहाँ कुछ सूखा भूसा सामने डाल दिया। बेचारा जानवर अभी दम भी न लेने पाया था कि फिर जोत दिया। अलगू चौधरी के घर था तो चैन की बंशी बजती थी। बैलराम छठे-छमाहे कभी

बहली में जोते जाते थे। खूब उछलते-कूदते और कोसों तक दौड़ते चले जाते थे। वहाँ बैलराम का रातिब था—साफ पानी, दली हुई अरहर की दाल और भूसे के साथ खली, और यही नहीं, कभी-कभी घी का स्वाद भी चखने को मिल जाता था। शाम-सवेरे एक आदमी खरहरे करता, पोंछता और सहलाता था। कहाँ वह सुख-चैन, कहाँ यह आठों पहर की खपत! महीने भर ही में वह पिस-सा गया। इक्के का जुआ देखते ही उसका लहू सूख जाता था। एक-एक पग चलना दूभर था। हड्डियाँ निकल आयी थीं; पर था वह पानीदार, मार की बरदाश्त न थी।

एक दिन चौथी खेप में साहु जी ने दूना बोझ लादा। दिन-भर का थका जानवर, पैर न उठते थे। पर साहु जी कोड़े फटकारने लगे। बस, फिर क्या था, बैल कलेजा तोड़ कर चला। कुछ दूर दौड़ा और चाहा कि जरा दम ले लूँ; पर साहु जी को जल्द पहुँचने की फिक्र थी; अतएव उन्होंने कई कोड़े बड़ी निर्दयता से फटकारे। बैल ने एक बार फिर जोर लगाया; पर अबकी बार शक्ति ने जवाब दे दिया। वह धरती पर गिर पड़ा, और ऐसा गिरा कि फिर न उठा। साहु जी ने बहुत पीटा, टाँग पकड़ कर खींचा, नथनों में लकड़ी ठूँस दी; पर कहीं मृतक भी उठ सकता है? तब साहू जी को कुछ शक हुआ। उन्होंने बैल को गौर से देखा, खोल कर अलग किया; और सोचने लगे कि गाड़ी कैसे घर पहुँचे। बहुत चीखे-चिल्लाये; पर देहात का रास्ता बच्चों की आँख की तरह साँझ होते ही बन्द हो जाता है। कोई नजर न आया। आस-पास कोई गाँव भी न था। मारे क्रोध के उन्होंने मरे हुए बैल पर और दुर्रे लगाये और कोसने लगे-अभागे। तुझे मरना ही था, तो घर पहुँच कर मरता! ससुरा बीच रास्ते ही में मर रहा ! अब गाड़ी कौन खींचे? इस तरह साहु

जी खूब जले-भुने। कई बोरे गुड़ और कई पीपे घी उन्होंने बेचे थे, दो-ढाई सौ रुपये कमर में बँधे थे। इसके सिवा गाड़ी पर कई बोरे नमक के थे; अतएव छोड़ कर जा भी न सकते थे। लाचार बेचारे गाड़ी पर ही लेट गये। वहीं रतजगा करने की ठान ली। चिलम पी, गाया। फिर हुक्का पिया। इस तरह साहु जी आधी रात तक नींद को बहलाते रहे। अपनी जान में तो वह जागते ही रहे; पर पौ फटते ही जो नींद टूटी और कमर पर हाथ रखा, तो थैली गायब! घबरा कर इधर-उधर देखा, तो कई कनस्तर तेल भी नदारद! अफसोस में बेचारे ने सिर पीट लिया और पछाड़ खाने लगा। प्रात:काल रोते-बिलखते घर पहुँचे। सहुआइन ने जब यह बुरी सुनावनी सुनी, तब पहले तो रोयी, फिर अलगू चौधरी को गालियाँ देने लगी—निगोड़े ने ऐसा कुलच्छनी बैल दिया कि जन्म भर की कमाई लुट गयी।

इस घटना को हुए कई महीने बीत गये। अलगू जब अपने बैल के दाम माँगते तब साहु और सहुआइन, दोनों ही झल्लाये हुए कुत्ते की तरह चढ़ बैठते और अंड-बंड बकने लगते-वाह! यहाँ तो सारे जन्म की कमाई लुट गयी, सत्यानाश हो गया, इन्हें दामों की पड़ी है। मुर्दा बैल दिया था, उस पर दाम माँगने चले हैं! आँखों में धूल झोंक दी, सत्यानाशी बैल गले बाँध दिया, हमें निरा पोंगा ही समझ लिया है! हम भी बनिये के बच्चे हैं, ऐसे बुद्धू कहीं और होंगे। पहले जा कर किसी गड़हे में मुँह धो आओ, तब दाम लेना। न जी मानता हो, तो हमारा बैल खोल ले जाओ। महीना भर के बदले दो महीना जोत लो। और क्या लोगे?

चौधरी के अशुभ चिन्तकों की कमी न थी। ऐसे अवसरों पर वे भी एकत्र हो जाते और साहु जी के बर्राने की पुष्टि करते। परन्तु

डेढ़ सौ रुपये से इस तरह हाथ धो लेना आसान न था। एक बार वह भी गरम पड़े । साहु जी बिगड़ कर लाठी ढूँढ़ने घर में चले गये। अब सहुआइन ने मैदान लिया। प्रश्नोत्तर होते-होते हाथापाई की नौबत आ पहुँची। सहुआइन ने घर में घुस कर किवाड़ बन्द कर लिये। शोरगुल सुन कर गाँव के भलेमानस जमा हो गये। उन्होंने दोनों को समझाया। साहु जी को दिलासा दे कर घर से निकाला। वह परामर्श देने लगे कि इस तरह से काम न चलेगा। पंचायत कर लो। जो कुछ तय हो जाय, उसे स्वीकार कर लो। साहु जी राजी हो गये। अलगू ने भी हामी भर ली।

5

पंचायत की तैयारियाँ होने लगीं। दोनों पक्षों ने अपने-अपने दल बनाने शुरू किये। इसके बाद तीसरे दिन उसी वृक्ष के नीचे पंचायत बैठी। वही सन्ध्या का समय था। खेतों में कौए पंचायत कर रहे थे। विवादग्रस्त विषय था यह कि मटर की फलियों पर उनका कोई स्वत्व है या नहीं; और जब तक यह प्रश्न हल न हो जाय, तब

तक वे रखवाले की पुकार पर अपनी अप्रसन्नता प्रकट करना आवश्यक समझते थे। पेड़ की डालियों पर बैठी शुक-मंडली में यह प्रश्न छिड़ा हुआ था कि मनुष्यों को उन्हें बेमुरौवत कहने का क्या अधिकार है, जब उन्हें स्वयं अपने मित्रों से दगा करने में भी संकोच नहीं होता।

पंचायत बैठ गयी, तो रामधन मिश्र ने कहा—अब देरी क्या है? पंचों का चुनाव हो जाना चाहिए। बोलो चौधरी; किस-किस को पंच बदते हो।

अलगू ने दीन भाव से कहा—समझू साहु ही चुन लें।

समझू खड़े हुए और कड़क कर बोले—मेरी ओर से जुम्मन शेख।

जुम्मन का नाम सुनते ही अलगू चौधरी का कलेजा धक्-धक् करने लगा, मानो किसी ने अचानक थप्पड़ मार दिया हो। रामधन अलगू के मित्र थे। वह बात को ताड़ गये। पूछा—क्यों चौधरी तुम्हें कोई उज्र तो नहीं।

चौधरी ने निराश हो कर कहा—नहीं, मुझे क्या उज्र होगा?

6

अपने उत्तरदायित्व का ज्ञान बहुधा हमारे संकुचित व्यवहारों का सुधारक होता है। जब हम राह भूल कर भटकने लगते हैं तब यही ज्ञान हमारा विश्वसनीय पथ-प्रदर्शक बन जाता है।

पत्र-सम्पादक अपनी शान्ति कुटी में बैठा हुआ कितनी धृष्टता और स्वतन्त्रता के साथ अपनी प्रबल लेखनी से मन्त्रिमंडल पर आक्रमण करता है; परन्तु ऐसे अवसर आते हैं, जब वह स्वयं मन्त्रिमंडल में सम्मिलित होता है। मंडल के भवन में पग धरते ही

उसकी लेखनी कितनी मर्मज्ञ, कितनी विचारशील, कितनी न्यायपरायण हो जाती है। इसका कारण उत्तरदायित्व का ज्ञान है। नवयुवक युवावस्था में कितना उद्दंड रहता है। माता-पिता उसकी ओर से कितने चिन्तित रहते हैं! वे उसे कुल-कलंक समझते हैं; परन्तु थोड़े ही समय में परिवार का बोझ सिर पर पड़ते ही वह अव्यवस्थित-चित्त उन्मत्त युवक कितना धैर्यशील, कैसा शांतचित्त हो जाता है, यह भी उत्तरदायित्व के ज्ञान का फल है।

जुम्मन शेख के मन में भी सरपंच का उच्च स्थान ग्रहण करते ही अपनी जिम्मेदारी का भाव पैदा हुआ। उसने सोचा, मैं इस वक्त न्याय और धर्म के सर्वोच्च आसन पर बैठा हूँ। मेरे मुँह से इस समय जो कुछ निकलेगा, वह देववाणी के सदृश है—और देववाणी में मेरे मनोविकारों का कदापि समावेश न होना चाहिए। मुझे सत्य से जौ भर भी टलना उचित नहीं!

पंचों ने दोनों पक्षों से सवाल-जवाब करने शुरू किये। बहुत देर तक दोनों दल अपने-अपने पक्ष का समर्थन करते रहे। इस विषय में तो सब सहमत थे कि समझू को बैल का मूल्य देना चाहिए। परन्तु दो महाशय इस कारण रियायत करना चाहते थे कि बैल के मर जाने से समझू को हानि हुई। इसके प्रतिकूल दो सभ्य मूल के अतिरिक्त समझू को दंड भी देना चाहते थे, जिससे फिर किसी को पशुओं के साथ ऐसी निर्दयता करने का साहस न हो। अन्त में जुम्मन ने फैसला सुनाया—अलगू चौधरी और समझू साहू! पंचों ने तुम्हारे मामले पर अच्छी तरह विचार किया। समझू को उचित है कि बैल का पूरा दाम दें। जिस वक्त उन्होंने बैल लिया, उसे कोई बीमारी न थी। अगर उसी समय दाम दे दिये जाते, तो आज समझू उसे फेर लेने का आग्रह न करते। बैल की मृत्यु केवल

इस कारण हुई कि उससे बड़ा कठिन परिश्रम लिया गया और उसके दाने-चारे का कोई अच्छा प्रबन्ध न किया गया।

रामधन मिश्र बोले—समझू ने बैल को जान-बूझ कर मारा है, अतएव उससे दंड लेना चाहिए।

जुम्मन बोले—यह दूसरा सवाल है! हमको इससे कोई मतलब नहीं !

झगडू साहु ने कहा—समझू के साथ कुछ रियायत होनी चाहिए।

जुम्मन बोले—यह अलगू चौधरी की इच्छा पर निर्भर है। यह रियायत करें, तो उनकी भलमनसी।

अलगू चौधरी फूले न समाये। उठ खड़े हुए और जोर से बोले—पंच-परमेश्वर की जय!

इसके साथ ही चारों ओर से प्रतिध्वनि हुई—पंच-परमेश्वर की जय!

प्रत्येक मनुष्य जुम्मन की नीति को सराहता था—इसे कहते हैं न्याय! यह मनुष्य का काम नहीं, पंच में परमेश्वर वास करते हैं, यह उन्हीं की महिमा है। पंच के सामने खोटे को कौन खरा कह सकता है?

थोड़ी देर बाद जुम्मन अलगू के पास आये और उनके गले लिपट कर बोले—भैया, जब से तुमने मेरी पंचायत की तब से मैं तुम्हारा प्राण-घातक शत्रु बन गया था; पर आज मुझे ज्ञात हुआ कि पंच के पद पर बैठ कर न कोई किसी का दोस्त होता है, न दुश्मन। न्याय के सिवा उसे और कुछ नहीं सूझता। आज मुझे विश्वास हो गया कि पंच की जबान से खुदा बोलता है। अलगू रोने लगे। इस पानी से दोनों के दिलों का मैल धुल गया। मित्रता की मुरझायी हुई लता फिर हरी हो गयी।

□

ईदगाह

रमजान के पूरे तीस रोजों के बाद ईद आयी है। कितना मनोहर, कितना सुहावना प्रभाव है। वृक्षों पर अजीब हरियाली है, खेतों में कुछ अजीब रौनक है, आसमान पर कुछ अजीब लालिमा है। आज का सूर्य देखो, कितना प्यारा, कितना शीतल है, यानी संसार को ईद की बधाई दे रहा है। गाँव में कितनी हलचल है। ईदगाह जाने की तैयारियाँ हो रही हैं। किसी के कुरते में बटन नहीं हैं, पड़ोस के घर में सुई-धागा लेने दौड़ा जा रहा है। किसी के जूते कड़े हो गये हैं, उनमें तेल डालने के लिए तेली के घर पर भागा जाता है। जल्दी-जल्दी बैलों को सानी-पानी दे दें। ईदगाह से लौटते-लौटते दोपहर हो जाएगी। तीन कोस का पैदल रास्ता, फिर सैकड़ों आदमियों से मिलना-भेंटना, दोपहर के पहले लौटना असम्भव है। लड़के सबसे ज्यादा प्रसन्न हैं। किसी ने एक रोजा रखा है, वह भी दोपहर तक, किसी ने वह भी नहीं, लेकिन ईदगाह जाने की खुशी उनके

हिस्से की चीज है। रोजे बड़े-बूढ़ों के लिए होंगे। इनके लिए तो ईद है। रोज ईद का नाम रटते थे, आज वह आ गयी। अब जल्दी पड़ी है कि लोग ईदगाह क्यों नहीं चलते। इन्हें गृहस्थी की चिन्ताओं से क्या प्रयोजन! सेवैयों के लिए दूध और शक्कर घर में है या नहीं, इनकी बला से, ये तो सेवैयाँ खाएँगे। वह क्या जानें कि अब्बाजान क्यों बदहवास चौधरी कायमअली के घर दौड़े जा रहे हैं। उन्हें क्या खबर कि चौधरी आँखें बदल लें, तो यह सारी ईद मुहर्रम हो जाय। उनकी अपनी जेबों में तो कुबेर का धन भरा हुआ है। बार-बार जेब से अपना खजाना निकालकर गिनते हैं और खुश होकर फिर रख लेते हैं। महमूद गिनता है, एक-दो, दस-बारह, उसके पास बारह पैसे हैं। मोहसिन के पास एक, दो, तीन, आठ, नौ, पन्द्रह पैसे हैं। इन्हीं अनगिनती पैसों में अनगिनती चीजें लाएँगे— खिलौने, मिठाइयाँ, बिगुल, गेंद और जाने क्या-क्या। और सबसे ज्यादा प्रसन्न है हामिद। वह चार-पाँच साल का गरीब-सूरत, दुबला-पतला लड़का, जिसका बाप गत वर्ष हैजे की भेंट हो गया और माँ न जाने क्यों पीली होती-होती एक दिन मर गयी। किसी को पता क्या बीमारी है। कहती तो कौन सुनने वाला था? दिल पर जो कुछ बीतती थी, वह दिल में ही सहती थी और जब न सहा गया तो संसार से विदा हो गयी। अब हामिद अपनी बूढ़ी दादी अमीना की गोद में सोता है और उतना ही प्रसन्न है। उसके अब्बाजान रुपये कमाने गए हैं। बहुत-सी थैलियाँ लेकर आएँगे। अम्मीजान अल्लाह मियाँ के घर से उसके लिए बड़ी अच्छी-अच्छी चीजें लाने गयी हैं, इसलिए हामिद प्रसन्न है। आशा तो बड़ी चीज है, और फिर बच्चों की आशा! उनकी कल्पना तो राई का पर्वत बना लेती है। हामिद के पाँव में जूते नहीं हैं, सिर पर एक पुरानी-धुरानी टोपी

है, जिसका गोटा काला पड़ गया है, फिर भी वह प्रसन्न है। जब उसके अब्बाजान थैलियाँ और अम्मीजान नियामतें लेकर आएँगी, तो वह दिल से अरमान निकाल लेगा। तब देखेगा, मोहसिन, नूरे और सम्मी कहाँ से उतने पैसे निकालेंगे। अभागिन अमीना अपनी कोठरी में बैठी रो रही है। आज ईद का दिन, उसके

घर में दाना नहीं! आज आबिद होता, तो क्या इसी तरह ईद आती और चली जाती! इस अन्धकार और निराशा में वह डूबी जा रही है। किसने बुलाया था इस निगोड़ी ईद को? इस घर में उसका काम नहीं, लेकिन हामिद! उसे किसी के मरने-जीने से क्या मतलब? उसके अन्दर प्रकाश है, बाहर आशा। विपत्ति अपना सारा दल-बल लेकर आये, हामिद की आनन्द-भरी चितवन उसका विध्वंस कर देगी।

हामिद भीतर जाकर दादी से कहता है—तुम डरना नहीं अम्मा, मैं सबसे पहले आऊँगा। बिल्कुल न डरना।

अमीना का दिल कचोट रहा है। गाँव के बच्चे अपने-अपने बाप के साथ जा रहे हैं। हामिद का बाप अमीना के सिवा और कौन है! उसे कैसे अकेले मेले जाने दे? उस भीड़-भाड़ में बच्चा कहीं खो जाए तो क्या हो? नहीं, अमीना उसे यों न जाने देगी। नन्ही-सी जान! तीन कोस चलेगा कैसे? पैर में छाले पड़ जाएँगे। जूते भी तो नहीं हैं। वह थोड़ी-थोड़ी दूर पर उसे गोद में ले लेती, लेकिन यहाँ सेवैयाँ कौन पकायेगा? पैसे होते तो लौटते-लौटते सब

सामग्री जमा करके चटपट बना लेती। यहाँ तो घंटों चीजें जमा करते लगेंगे। माँगे का ही तो भरोसा ठहरा। उस दिन फहीमन के कपड़े सिले थे। आठ आने पैसे मिले थे। उस अठन्नी को ईमान की तरह बचाती चली आती थी इसी ईद के लिए लेकिन कल ग्वालन सिर पर सवार हो गयी तो क्या करती? हामिद के लिए कुछ नहीं है, तो दो पैसे का दूध तो चाहिए ही। अब तो कुल दो आने पैसे बच रहे हैं। तीन पैसे हामिद की जेब में, पाँच अमीना के बटवे में। यही तो बिसात है और ईद का त्यौहार, अल्लाह ही बेड़ा पार लगावे। धोबन और नाइन ओर मेहतरानी और चुड़िहारिन सभी तो आएँगी। सभी को सेवैयाँ चाहिए और थोड़ा किसी को आँखों नहीं लगता। किस-किस से मुँह चुरायेगी? और मुँह क्यों चुराये? साल भर का त्यौहार है। ज़िन्दगी ख़ैरियत से रहे, उनकी तकदीर भी तो उसी के साथ है। बच्चे को खुदा सलामत रखे, ये दिन भी कट जाएँगे।

गाँव से मेला चला। और बच्चों के साथ हामिद भी जा रहा था। कभी सबके सब दौड़कर आगे निकल जाते। फिर किसी पेड़ के नीचे खड़े होकर साथ वालों का इन्तज़ार करते। यह लोग क्यों इतना धीरे-धीरे चल रहे हैं? हामिद के पैरों में तो जैसे पर लग गए हैं। वह कभी थक सकता है? शहर का दामन आ गया। सड़क के दोनों ओर अमीरों के बगीचे हैं। पक्की चारदीवारी बनी हुई

है। पेड़ों में आम और लीचियाँ लगी हुई हैं। कभी-कभी कोई लड़का कंकड़ी उठाकर आम पर निशाना लगाता है। माली अन्दर से गाली देता हुआ निकलता है। लड़के वहाँ से एक फर्लांग पर हैं। खूब हँस रहे हैं। माली को कैसा उल्लू बनाया है।

बड़ी-बड़ी इमारतें आने लगीं। यह अदालत है, यह कॉलेज है, यह क्लब-घर है। इतने बड़े कालेज में कितने लड़के पढ़ते होंगे? सब लड़के नहीं हैं जी! बड़े-बड़े आदमी हैं, सच! उनकी बड़ी-बड़ी मूँछें हैं। इतने बड़े हो गए, अभी तक पढ़ने जाते हैं। न जाने कब तक पढ़ेंगे और क्या करेंगे इतना पढ़कर! हामिद के मदरसे में दो-तीन बड़े-बड़े लड़के हैं, बिल्कुल तीन कौड़ी के। रोज मार खाते हैं, काम से जी चुराने वाले। इस जगह भी उसी तरह के लोग होंगे और क्या। क्लब-घर में जादू होता है। सुना है, यहाँ मुर्दों की खोपड़ियाँ दौड़ती हैं। और बड़े-बड़े तमाशे होते हैं, पर किसी को अन्दर नहीं जाने देते। और वहाँ शाम को साहब लोग खेलते हैं। बड़े-बड़े आदमी खेलते हैं, मूँछो दाढ़ी वाले। और मेमें भी खेलती हैं, सच! हमारी अम्माँ को यह दे दो, क्या नाम है, बैट, तो उसे पकड़ ही न सकें। घुमाते ही लुढ़क जाएँ।

महमूद ने कहा—'हमारी अम्मीजान का तो हाथ काँपने लगे, अल्ला कसम।'

मोहसिन बोला—'चलो, मनों आटा पीस डालती हैं। ज़रा-सा बैट पकड़ लेंगी, तो हाथ काँपने लगेंगे! सैकड़ों घड़े पानी रोज निकालती हैं। पाँच घड़े तो तेरी भैंस पी जाती है। किसी मेम को एक घड़ा पानी भरना पड़े, तो आँखों तले अँधेरा आ जाए।'

महमूद—'लेकिन दौड़ती तो नहीं, उछल-कूद तो नहीं सकतीं।'

मोहसिन—'हाँ, उछल-कूद तो नहीं सकतीं; लेकिन उस दिन

मेरी गाय खुल गयी थी और चौधरी के खेत में जा पड़ी थी, अम्माँ इतना तेज दौड़ीं कि मैं उन्हें न पा सका, सच।'

आगे चले। हलवाइयों की दुकानें शुरू हुईं। आज खूब सजी हुई थीं। इतनी मिठाइयाँ कौन खाता है? देखो न, एक-एक दुकान पर मनों होंगी। सुना है, रात को जिन्नात आकर खरीद ले जाते हैं। अब्बा कहते थे कि आधी रात को एक आदमी हर दुकान पर जाता है और जितना माल बचा होता है, वह तुलवा लेता है और सचमुच के रुपये देता है, बिल्कुल ऐसे ही रुपये।

हामिद को यकीन न आया—ऐसे रुपये जिन्नात को कहाँ से मिल जाएँगे?

मोहसिन ने कहा—'जिन्नात को रुपये की क्या कमी? जिस खजाने में चाहें चले जाएँ। लोहे के दरवाजे तक उन्हें नहीं रोक सकते जनाब, आप हैं किस फेर में! हीरे-जवाहरात तक उनके पास रहते हैं। जिससे खुश हो गये, उसे टोकरों जवाहरात दे दिये। अभी यहीं बैठे हैं, पाँच मिनट में कलकत्ता पहुँच जाएँ।'

हामिद ने फिर पूछा—'जिन्नात बहुत बड़े-बड़े होते हैं?'

मोहसिन—'एक-एक सिर आसमान के बराबर होता है जी! जमीन पर खड़ा हो जाय तो उसका सिर आसमान से जा लगे, मगर चाहे तो एक लोटे में घुस जाए।'

हामिद—'लोग उन्हें कैसे खुश करते होंगे? कोई मुझे यह मंतर बता दे तो एक जिन्न को खुश कर लूँ।'

मोहसिन—'अब यह तो मैं नहीं जानता, लेकिन चौधरी साहब के काबू में बहुत-से जिन्नात हैं। कोई चीज चोरी जाय चौधरी साहब उसका पता लगा देंगे और चोर का नाम बता देंगे। जुमराती का बछवा उस दिन खो गया था। तीन दिन हैरान हुए, कहीं न मिला

तब झख मारकर चौधरी के पास गये। चौधरी ने तुरन्त बता दिया, मवेशीखाने में है और वहीं मिला। जिन्नात आकर उन्हें सारे जहान की खबर दे जाते हैं।'

अब उसकी समझ में आ गया कि चौधरी के पास क्यों इतना धन है और क्यों उनका इतना सम्मान है।

आगे चले। यह पुलिस लाइन है। यहीं सब कान्सटेबिल कवायद करते हैं। रैटन! फाय फो! रात को बेचारे घूम-घूमकर पहरा देते हैं, नहीं चोरियाँ हो जाएँ। मोहसिन ने प्रतिवाद किया—यह कान्सटेबिल पहरा देते हैं? तभी तुम बहुत जानते हो अजी हजरत, यह चोरी करते हैं। शहर के जितने चोर-डाकू हैं, सब इनसे मिले रहते हैं। रात को ये लोग चोरों से तो कहते हैं, चोरी करो और आप दूसरे मुहल्ले में जाकर 'जागते रहो! जागते रहो!' पुकारते हैं। तभी इन लोगों के पास इतने रुपये आते हैं। मेरे मामू एक थाने में कान्सटेबिल हैं। बीस रुपया महीना पाते हैं, लेकिन पचास रुपये घर भेजते हैं। अल्ला कसम! मैंने एक बार पूछा था कि मामू, आप इतने रुपये कहाँ से पाते हैं? हँसकर कहने लगे—बेटा, अल्लाह देता है। फिर आप ही बोले—हम लोग चाहें तो एक दिन में लाखों मार लाएँ। हम तो इतना ही लेते हैं, जिसमें अपनी बदनामी न हो और नौकरी न चली जाए।

हामिद ने पूछा—'यह लोग चोरी करवाते हैं, तो कोई इन्हें पकड़ता नहीं?'

मोहसिन उसकी नादानी पर दया दिखाकर बोला—'अरे, पागल! इन्हें कौन पकड़ेगा! पकड़ने वाले तो यह लोग खुद हैं, लेकिन अल्लाह, इन्हें सजा भी खूब देता है। हराम का माल हराम में जाता है। थोड़े ही दिन हुए, मामू के घर में आग लग गयी। सारी

लेई-पूँजी जल गयी। एक बरतन तक न बचा। कई दिन पेड़ के नीचे सोये, अल्ला कसम, पेड़ के नीचे! फिर न जाने कहाँ से एक सौ कर्ज लाये तो बरतन-भांडे आये।'

हामिद—'एक सौ तो पचास से ज्यादा होते हैं?'

'कहाँ पचास, कहाँ एक सौ। पचास एक थैली-भर होता है। सौ तो दो थैलियों में भी न आएँ?'

अब बस्ती घनी होने लगी। ईदगाह जानेवालों की टोलियाँ नजर आने लगीं। एक से एक भड़कीले वस्त्र पहने हुए। कोई इक्के-ताँगे पर सवार, कोई मोटर पर, सभी इत्र में बसे, सभी के दिलों में उमंग। ग्रामीणों का यह छोटा-सा दल अपनी विपन्नता से बेखबर, सन्तोष और धैर्य में मगन चला जा रहा था। बच्चों के लिए नगर की सभी चीजें अनोखी थीं। जिस चीज की ओर ताकते, ताकते ही रह जाते और पीछे से बार-बार हॉर्न की आवाज होने पर भी न चेतते। हामिद तो मोटर के नीचे जाते-जाते बचा।

सहसा ईदगाह नजर आयी। ऊपर इमली के घने वृक्षों की छाया है। नीचे पक्का फर्श है, जिस पर जाजम बिछा हुआ है। और रोजेदारों की पंक्तियाँ एक के पीछे एक न जाने कहाँ तक चली गयी हैं, पक्की जगत के नीचे तक, जहाँ जाजम भी नहीं है। नये आने वाले आकर पीछे की कतार में खड़े हो जाते हैं। आगे जगह नहीं है। यहाँ कोई धन और पद नहीं देखता। इस्लाम की निगाह में सब बराबर हैं। इन ग्रामीणों ने भी वजू किया और पिछली पंक्ति में खड़े हो गये। कितना सुन्दर संचालन है, कितनी सुन्दर व्यवस्था! लाखों सिर एक साथ सिजदे में झुक जाते हैं, फिर सबके सब एक साथ खड़े हो जाते हैं, एक साथ झुकते हैं, और एक साथ घुटनों के बल बैठ जाते हैं। कई बार यही क्रिया होती है, जैसे बिजली

की लाखों बत्तियाँ एक साथ प्रदीप्त हों और एक साथ बुझ जाएँ, और यही क्रम चलता रहा। कितना अपूर्व दृश्य था, जिसकी सामूहिक क्रियाएँ, विस्तार और अनन्तता हृदय को श्रद्धा, गर्व और आत्मानन्द से भर देती थीं, मानो भ्रातृत्व का एक सूत्र इन समस्त आत्माओं को एक लड़ी में पिरोये हुए है।

2

नमाज खत्म हो गयी है। लोग आपस में गले मिल रहे हैं। तब मिठाई और खिलौने की दुकान पर धावा होता है। ग्रामीणों का यह दल इस विषय में बालकों से कम उत्साही नहीं है। यह देखो, हिंडोला है एक पैसा देकर चढ़ जाओ। कभी आसमान पर जाते हुए मालूम होंगे, कभी जमीन पर गिरते हुए। यह चर्खी है, लकड़ी के हाथी, घोड़े, ऊँट, छड़ों में लटके हुए हैं। एक पैसा देकर बैठ जाओ और पच्चीस चक्करों का मजा लो। महमूद और मोहसिन और नूरे और सम्मी इन घोड़ों और ऊँटों पर बैठते हैं। हामिद दूर खड़ा है। तीन ही पैसे तो उसके पास हैं। अपने कोष का एक-तिहाई जरा-सा चक्कर खाने के लिए नहीं दे सकता।

सब चर्खियों से उतरते हैं। अब खिलौने लेंगे। इधर दुकानों की कतार लगी हुई है। तरह-तरह के खिलौने हैं—सिपाही और गुजरिया, राजा और वकील, भिश्ती और धोबिन और साधु। वाह! कितने सुन्दर खिलौने हैं। अब बोला ही चाहते हैं। महमूद सिपाही लेता है, खाकी वर्दी और लाल पगड़ीवाला, कन्धे पर बन्दूक रखे हुए, मालूम होता है, अभी कवायद किये चला आ रहा है। मोहसिन को भिश्ती पसन्द आया। कमर झुकी हुई है, ऊपर मशक रखे हुए है। मशक का मुँह एक हाथ से पकड़े हुए है। कितना प्रसन्न है!

शायद कोई गीत गा रहा है। बस, मशक से पानी उड़ेलना ही चाहता है। नूरे को वकील से प्रेम है। कैसी विद्वनता है उसके मुख पर! काला चोगा, नीचे सफेद अचकन, अचकन के सामने की जेब में घड़ी, सुनहरी जंजीर, एक हाथ में कानून का पोथा लिये हुए। मालूम होता है, अभी किसी अदालत से जिरह या बहस किये चले आ रहे हैं। यह सब दो-दो पैसे के खिलौने हैं। हामिद के पास कुल तीन पैसे हैं, इतने महँगे खिलौने वह कैसे ले? खिलौना कहीं हाथ से छूट पड़े तो चूर-चूर हो जाय। जरा पानी पड़े तो सारा रंग घुल जाय। ऐसे खिलौने लेकर वह क्या करेगा; किस काम के!

मोहसिन कहता है—'मेरा भिश्ती रोज पानी दे जायगा साँझ-सवेरे।'

महमूद—'और मेरा सिपाही घर का पहरा देगा कोई चोर आयेगा, तो फौरन बन्दूक से फायर कर देगा।'

नूरे—'और मेरा वकील खूब मुकदमा लड़ेगा।'

सम्मी—'और मेरी धोबिन रोज कपड़े धोएगी।'

हामिद खिलौनों की निन्दा करता है—मिट्टी ही के तो हैं, गिरें तो चकनाचूर हो जाएँ, लेकिन ललचाई हुई आँखों से खिलौनों को देख रहा है और चाहता है कि जरा देर के लिए उन्हें हाथ में ले सकता। उसके हाथ अनायास ही लपकते हैं, लेकिन लड़के इतने त्यागी नहीं होते हैं, विशेषकर जब अभी नया शौक है। हामिद

ललचाता रह जाता है।

खिलौने के बाद मिठाइयाँ आती हैं। किसी ने रेवड़ियाँ ली हैं, किसी ने गुलाब जामुन, किसी ने सोहन हलवा। मजे से खा रहे हैं। हामिद बिरादरी से पृथक है। अभागे के पास तीन पैसे हैं। क्यों नहीं कुछ लेकर खाता? ललचायी आँखों से सबकी ओर देखता है।

मोहसिन कहता है—'हामिद रेवड़ी ले जा, कितनी खुशबूदार है!'

हामिद को सन्देह हुआ, ये केवल क्रूर विनोद है, मोहसिन इतना उदार नहीं है, लेकिन यह जानकर भी वह उसके पास जाता है। मोहसिन दोने से एक रेवड़ी निकालकर हामिद की ओर बढ़ाता है। हामिद हाथ फैलाता है। मोहसिन रेवड़ी अपने मुँह में रख लेता है। महमूद, नूरे और सम्मी खूब तालियाँ बजा-बजाकर हँसते हैं। हामिद खिसिया जाता है।

मोहसिन—'अच्छा, अबकी जरूर देंगे हामिद, अल्लाह कसम, ले जाव।'

हामिद—'रखे रहो। क्या मेरे पास पैसे नहीं हैं?'

सम्मी—'तीन ही पैसे तो हैं। तीन पैसे में क्या-क्या लोगे?'

महमूद—'हमसे गुलाबजामुन ले जाव हामिद। मोहमिन बदमाश है।'

हामिद—'मिठाई कौन बड़ी नेमत है। किताब में इसकी कितनी बुराइयाँ लिखी हैं।'

मोहसिन—'लेकिन दिल में कह रहे होगे कि मिले तो खा लें। अपने पैसे क्यों नहीं निकालते?'

महमूद—'हम समझते हैं, इसकी चालाकी। जब हमारे सारे

पैसे खर्च हो जाएँगे, तो हमें ललचा-ललचाकर खाएगा।'

मिठाइयों के बाद कुछ दुकानें लोहे की चीजों की, कुछ गिलट और कुछ नकली गहनों की। लड़कों के लिए यहाँ कोई आकर्षण न था। वे सब आगे बढ़ जाते हैं, हामिद लोहे की दुकान पर रुक जाता है। कई चिमटे रखे हुए थे। उसे खयाल आया, दादी के पास चिमटा नहीं है। तवे से रोटियाँ उतारती हैं, तो हाथ जल जाता है। अगर वह चिमटा ले जाकर दादी को दे दे तो वह कितना प्रसन्न होंगी! फिर उनकी उंगलियाँ कभी न जलेंगी। घर में एक काम की चीज हो जाएगी। खिलौने से क्या फायदा? व्यर्थ में पैसे खराब होते हैं। जरा देर ही तो खुशी होती है। फिर तो खिलौने को कोई आँख उठाकर नहीं देखता। यह तो घर पहुँचते-पहुँचते टूट-फूट बराबर हो जाएँगे या छोटे बच्चे जो मेले में नहीं आये हैं जिद कर के ले लेंगे और तोड़ डालेंगे। चिमटा कितने काम की चीज है। रोटियाँ तवे से उतार लो, चूल्हे में सेंक लो। कोई आग माँगने आये तो चटपट चूल्हे से आग निकालकर उसे दे दो। अम्माँ बेचारी को कहाँ फुरसत है कि बाजार आएँ और इतने पैसे ही कहाँ मिलते हैं? रोज हाथ जला लेती हैं।

हामिद के साथी आगे बढ़ गये हैं। सबील पर सब-के-सब शर्बत पी रहे हैं। देखो, सब कितने लालची हैं। इतनी मिठाइयाँ लीं, मुझे किसी ने एक भी न दी। उस पर कहते हैं, मेरे साथ खेलो। मेरा यह काम करो। अब अगर किसी ने कोई काम करने को कहा, तो पूछूँगा। खाएँ मिठाइयाँ, आप मुँह सड़ेगा, फोड़े-फुन्सियाँ निकलेंगी, आप ही जबान चटोरी हो जाएगी। तब घर से पैसे चुराएँगे और मार खाएँगे। किताब में झूठी बातें थोड़े ही लिखी हैं। मेरी जबान क्यों खराब होगी? अम्माँ चिमटा देखते ही दौड़कर मेरे हाथ से

ले लेंगी और कहेंगी—मेरा बच्चा अम्माँ के लिए चिमटा लाया है। कितना अच्छा लड़का है। इन लोगों के खिलौने पर कौन इन्हें दुआएँ देगा? बड़ों की दुआएँ सीधे अल्लाह के दरबार में पहुँचती हैं, और तुरन्त सुनी जाती हैं। मेरे पास पैसे नहीं हैं। तभी तो मोहसिन और महमूद यों मिजाज दिखाते हैं। मैं भी इनसे मिजाज दिखाऊँगा। खेलें खिलौने और खाएँ मिठाइयाँ। मै नहीं खेलता खिलौने, किसी का मिजाज क्यों सहूँ? मैं गरीब सही, किसी से कुछ माँगने तो नहीं जाता। आखिर अब्बाजान कभी न कभी आएँगे। अम्मा भी आएँगी ही। फिर इन लोगों से पूछूँगा, कितने खिलौने लोगे? एक-एक को टोकरियों खिलौने दूँ और दिखा दूँ कि दोस्तों के साथ इस तरह का सलूक किया जाता है। यह नहीं कि एक पैसे की रेवड़ियाँ लीं, तो चिढ़ा-चिढ़ाकर खाने लगे। सबके सब खूब हँसेंगे कि हामिद ने चिमटा लिया है। हँसें! मेरी बला से। उसने दुकानदार से पूछा—'यह चिमटा कितने का है?'

दुकानदार ने उसकी ओर देखा और कोई आदमी साथ न देखकर कहा—'तुम्हारे काम का नहीं है जी!'

'बिकाऊ है कि नहीं?'

'बिकाऊ क्यों नहीं है? और यहाँ क्यों लाद लाये हैं?'

'तो बताते क्यों नहीं, कै पैसे का है?'

'छः पैसे लगेंगे।'

हामिद का दिल बैठ गया।

'ठीक-ठीक पाँच पैसे लगेंगे, लेना हो लो, नहीं चलते बनो।'

हामिद ने कलेजा मजबूत करके कहा—'तीन पैसे लोगे?'

यह कहता हुआ वह आगे बढ़ गया कि दुकानदार की घुड़कियाँ न सुने। लेकिन दुकानदार ने घुड़कियाँ नहीं दीं। बुलाकर चिमटा

दे दिया। हामिद ने उसे इस तरह कन्धे पर रखा, मानो बन्दूक है और शान से अकड़ता हुआ संगियों के पास आया। जरा सुनें, सबके सब क्या-क्या आलोचनाएँ करते हैं!

मोहसिन ने हँसकर कहा—'यह चिमटा क्यों लाया पगले, इसे क्या करेगा?'

हामिद ने चिमटे को जमीन पर पटककर कहा—'जरा अपना भिश्ती जमीन पर गिरा दो। सारी पसलियाँ चूर-चूर हो जाएँ बच्चू की।'

महमूद बोला—'तो यह चिमटा कोई खिलौना है?'

हामिद—'खिलौना क्यों नहीं है! अभी कन्धे पर रखा, बन्दूक हो गयी। हाथ में ले लिया, फकीरों का चिमटा हो गया। चाहूँ तो इससे मजीरे का काम ले सकता हूँ। एक चिमटा जमा दूँ, तो तुम लोगों के सारे खिलौनों की जान निकल जाए। तुम्हारे खिलौने कितना ही जोर लगाएँ, मेरे चिमटे का बाल भी बाँका नहीं कर सकते। मेरा बहादुर शेर है चिमटा।'

सम्मी ने खँजरी ली थी। प्रभावित होकर बोला—'मेरी खँजरी से बदलोगे? दो आने की है।'

हामिद ने खँजरी की ओर उपेक्षा से देखा—'मेरा चिमटा चाहे तो तुम्हारी खँजरी का पेट फाड़ डाले। बस, एक चमड़े की झिल्ली लगा दी, ढब-ढब बोलने लगी। जरा-सा पानी लग जाए तो खत्म हो जाए। मेरा बहादुर चिमटा आग में, पानी में, आँधी में, तूफान में बराबर डटा खड़ा रहेगा।'

चिमटे ने सभी को मोहित कर लिया, अब पैसे किसके पास धरे हैं? फिर मेले से दूर निकल आये हैं, नौ कब के बज गये, धूप तेज हो रही है। घर पहुँचने की जल्दी हो रही है। बाप से जिद

भी करें, तो चिमटा नहीं मिल सकता। हामिद है बड़ा चालाक। इसीलिए बदमाश ने अपने पैसे बचा रखे थे।

अब बालकों के दो दल हो गये हैं। मोहसिन, महमूद, सम्मी और नूरे एक तरफ हैं, हामिद अकेला दूसरी तरफ। शास्त्रार्थ हो रहा है। सम्मी तो विधर्मी हो गया! दूसरे पक्ष से जा मिला, लेकिन मोहसिन, महमूद और नूरे भी हामिद से एक-एक, दो-दो साल बड़े होने पर भी हामिद के आघातों से आतंकित हो उठे हैं। उसके पास न्याय का बल है और नीति की शक्ति। एक ओर मिट्टी है, दूसरी ओर लोहा, जो इस वक्त अपने को फौलाद कह रहा है। वह अजेय है, घातक है। अगर कोई शेर आ जाय तो मियाँ भिश्ती के छक्के छूट जाएँ, मियाँ सिपाही मिट्टी की बन्दूक छोड़कर भागें, वकील साहब की नानी मर जाए, चोगे में मुँह छिपाकर जमीन पर लेट जाएँ। मगर यह चिमटा, यह बहादुर, यह रुस्तमे-हिन्द लपककर शेर की गरदन पर सवार हो जाएगा और उसकी आँखें निकाल लेगा।

मोहसिन ने एड़ी-चोटी का जोर लगाकर कहा—'अच्छा, पानी तो नहीं भर सकता?'

हामिद ने चिमटे को सीधा खड़ा करके कहा—'भिश्ती को एक डाँट बतायेगा, तो दौड़ा हुआ पानी लाकर उसके द्वार पर छिड़कने लगेगा।'

मोहसिन परास्त हो गया, पर महमूद ने कुमुक पहुँचाई—'अगर बच्चा पकड़ जाएँ तो अदालत में बँधे-बँधे फिरेंगे। तब तो वकील साहब के पैरों पड़ेंगे।'

हामिद इस प्रबल तर्क का जवाब न दे सका। उसने पूछा—हमें पकड़ने कौन आयेगा?

नूरे ने अकड़कर कहा—'यह सिपाही बन्दूकवाला।'

हामिद ने मुँह चिढ़ाकर कहा—'यह बेचारे हम बहादुर रुस्तमे-हिन्द को पकड़ेंगे! अच्छा लाओ, अभी जरा कुश्ती हो जाए। इसकी सूरत देखकर दूर से भागेंगे। पकड़ेंगे क्या बेचारे!'

मोहसिन को एक नयी चोट सूझ गयी—'तुम्हारे चिमटे का मुँह रोज आग में जलेगा।'

उसने समझा था कि हामिद लाजवाब हो जाएगा, लेकिन यह बात न हुई। हामिद ने तुरन्त जवाब दिया—आग में बहादुर ही कूदते हैं जनाब, तुम्हारे यह वकील, सिपाही और भिश्ती लौंडियों की तरह घर में घुस जाएँगे। आग में कूदना वह काम है, जो यह रुस्तमे-हिन्द ही कर सकता है।

महमूद ने एक जोर लगाया—वकील साहब कुरसी-मेज पर बैठेंगे, तुम्हारा चिमटा तो बावर्चीखाने में जमीन पर पड़ा रहेगा।'

इस तर्क ने सम्मी और नूरे को भी सजीव कर दिया! कितने ठिकाने की बात कही है पट्ठे ने! चिमटा बावर्चीखाने में पड़ा रहने के सिवा और क्या कर सकता है?

हामिद को कोई फड़कता हुआ जवाब न सूझा, तो उसने धाँधली शुरू की—'मेरा चिमटा बावर्चीखाने में नहीं रहेगा। वकील साहब कुर्सी पर बैठेंगे, तो जाकर उन्हें जमीन पर पटक देगा और उनका कानून उनके पेट में डाल देगा।'

बात कुछ बनी नहीं। खासी गाली-गलौज थी; लेकिन कानून को पेट में डालने वाली बात छा गयी। ऐसी छा गयी कि तीनों सूरमा मुँह ताकते रह गये मानो कोई धेलचा कनकौआ किसी गंडेवाले कनकौए को काट गया हो। कानून मुँह से बाहर निकलने वाली चीज है। उसको पेट के अन्दर डाल दिया जाना बेतुकी-सी बात

होने पर भी कुछ नयापन रखती है। हामिद ने मैदान मार लिया। उसका चिमटा रुस्तमे-हिन्द है। अब इसमें मोहसिन, महमूद नूरे, सम्मी किसी को भी आपत्ति नहीं हो सकती।

विजेता को हारनेवालों से जो सत्कार मिलना स्वाभविक है, वह हामिद को भी मिला। औरों ने तीन-तीन, चार-चार आने पैसे खर्च किए, पर कोई काम की चीज न ले सके। हामिद ने तीन पैसे में रंग जमा लिया। सच ही तो है, खिलौनों का क्या भरोसा? टूट-फूट जाएँगे। हामिद का चिमटा तो बना रहेगा बरसों?

संधि की शर्तें तय होने लगीं। मोहसिन ने कहा—जरा अपना चिमटा दो, हम भी देखें। तुम हमारा भिश्ती लेकर देखो।

महमूद और नूरे ने भी अपने-अपने खिलौने पेश किये।

हामिद को इन शर्तों को मानने में कोई आपत्ति न थी। चिमटा बारी-बारी से सबके हाथ में गया, और उनके खिलौने बारी-बारी से हामिद के हाथ में आये। कितने खूबसूरत खिलौने हैं।

हामिद ने हारने वालों के आँसू पोंछे—मैं तुम्हें चिढ़ा रहा था, सच! यह चिमटा भला, इन खिलौनों की क्या बराबरी करेगा, मालूम होता है, अब बोले, अब बोले।

लेकिन मोहसिन की पार्टी को इस दिलासे से संतोष नहीं होता। चिमटे का सिक्का खूब बैठ गया है। चिपका हुआ टिकट अब पानी से नहीं छूट रहा है।

मोहसिन—लेकिन इन खिलौनों के लिए कोई हमें दुआ तो न देगा?

महमूद—दुआ को लिये फिरते हो। उल्टे मार न पड़े। अम्माँ जरूर कहेंगी कि मेले में यही मिट्टी के खिलौने मिले?

हामिद को स्वीकार करना पड़ा कि खिलौनों को देखकर

किसी की माँ इतनी खुश न होंगी, जितनी दादी चिमटे को देखकर होंगी। तीन पैसों ही में तो उसे सब कुछ करना था और उन पैसों के इस उपयोग पर पछतावे की बिल्कुल जरूरत न थी। फिर अब तो चिमटा रुस्तमे-हिन्द है और सभी खिलौनों का बादशाह।

रास्ते में महमूद को भूख लगी। उसके बाप ने केले खाने को दिये। महमूद ने केवल हामिद को साझी बनाया। उसके अन्य मित्र मुँह ताकते रह गये। यह उस चिमटे का प्रसाद था।

3

ग्यारह बजे गाँव में हलचल मच गयी। मेलेवाले आ गये। मोहसिन की छोटी बहन ने दौड़कर भिश्ती उसके हाथ से छीन लिया और मारे खुशी के जो उछली, तो मियाँ भिश्ती नीचे आ रहे और सुरलोक सिधारे। इस पर भाई-बहन में मार-पीट हुई। दोनों खूब रोये। उनकी अम्माँ यह शोर सुनकर बिगड़ीं और दोनों को ऊपर से दो-दो चाँटे और लगाये।

मियाँ नूरे के वकील का अन्त उनके प्रतिष्ठानुकूल इससे ज्यादा गौरवमय हुआ। वकील जमीन पर या ताक पर तो नहीं बैठ सकता। उसकी मर्यादा का विचार तो करना ही होगा। दीवार में खूँटियाँ गाड़ी गयीं। उन पर लकड़ी का एक पटरा रखा गया। पटरे पर कागज का कालीन बिछाया गया। वकील साहब राजा भोज की भाँति सिंहासन पर विराजे। नूरे ने उन्हें पंखा झलना शुरू किया। अदालतों में खस की टट्टियाँ और बिजली के पंखे रहते हैं। क्या यहाँ मामूली पंखा भी न हो! कानून की गर्मी दिमाग पर चढ़ जाएगी कि नहीं? बाँस का पंखा आया और नूरे हवा करने लगे। मालूम नहीं, पंखे की हवा से या पंखे की चोट से वकील साहब स्वर्गलोक से मृत्युलोक में आ रहे और उनका माटी का चोला माटी में मिल

गया! फिर बड़े जोर-शोर से मातम हुआ और वकील साहब की अस्थि घूरे पर डाल दी गयी।

अब रहा महमूद का सिपाही। उसे चटपट गाँव का पहरा देने का चार्ज मिल गया, लेकिन पुलिस का सिपाही कोई साधारण व्यक्ति तो नहीं, जो अपने पैरों चलें। वह पालकी पर चलेगा। एक टोकरी आयी, उसमें कुछ लाल रंग के फटे-पुराने चिथड़े बिछाये गये, जिसमें सिपाही साहब आराम से लेटे। नूरे ने यह टोकरी उठायी और अपने द्वार का चक्कर लगाने लगे। उनके दोनों छोटे भाई सिपाही की तरह 'छोनेवाले, जागते लहो' पुकारते चलते हैं। मगर रात तो अँधेरी ही होनी चाहिए। महमूद को ठोकर लग जाती है। टोकरी उसके हाथ से छूटकर गिर पड़ती है और मियाँ सिपाही अपनी बन्दूक लिये जमीन पर आ जाते हैं और उनकी एक टाँग में विकार आ जाता है।

महमूद को आज ज्ञात हुआ कि वह अच्छा डॉक्टर है। उसको ऐसा मरहम मिला गया है जिससे वह टूटी टाँग को आनन-फानन जोड़ सकता है। केवल गूलर का दूध चाहिए। गूलर का दूध आता है। टाँग जवाब दे देती है। शल्य-क्रिया असफल हुई, तब उसकी दूसरी टाँग भी तोड़ दी जाती है। अब कम-से-कम एक जगह आराम से बैठ तो सकता है। एक टाँग से तो न चल सकता था, न बैठ सकता था। अब वह सिपाही संन्यासी हो गया है। अपनी जगह पर बैठा-बैठा पहरा देता है। कभी-कभी देवता भी बन जाता है। उसके सिर का झालरदार साफा खुरच दिया गया है। अब उसका जितना रूपान्तर चाहो, कर सकते हो। कभी-कभी तो उससे बाट का काम भी लिया जाता है।

अब मियाँ हामिद का हाल सुनिए। अमीना उसकी आवाज

सुनते ही दौड़ी और उसे गोद में उठाकर प्यार करने लगी। सहसा उसके हाथ में चिमटा देखकर वह चौंकी।

'यह चिमटा कहाँ था?'

'मैंने मोल लिया है।

'कै पैसे में?'

'तीन पैसे दिये।'

अमीना ने छाती पीट ली। यह कैसा बेसमझ लड़का है कि दोपहर हुआ, कुछ खाया न पिया। लाया क्या, चिमटा! 'सारे मेले में तुझे और कोई चीज न मिली, जो यह लोहे का चिमटा उठा लाया।'

हामिद ने अपराधी भाव से कहा—'तुम्हारी उँगलियाँ तवे से जल जाती थीं, इसलिए मैने इसे लिया।'

बुढ़िया का क्रोध तुरन्त स्नेह में बदल गया, और स्नेह भी वह नहीं, जो प्रगल्भ होता है और अपनी सारी कसक शब्दों में बिखेर देता है। यह मूक स्नेह था, खूब ठोस, रस और स्वाद से भरा हुआ। बच्चे में कितना त्याग, कितना सद्भाव और कितना विवेक है! दूसरों को खिलौने लेते और मिठाई खाते देखकर इसका मन कितना ललचाया होगा? इतना जब्त इससे हुआ कैसे? वहाँ भी इसे अपनी बुढ़िया दादी की याद बनी रही। अमीना का मन गद्गद हो गया।

और अब एक बड़ी विचित्र बात हुई। हामिद के इस चिमटे से भी विचित्र। बच्चे हामिद ने बूढ़े हामिद का पार्ट खेला था। बुढ़िया अमीना बालिका अमीना बन गयी। वह रोने लगी। दामन फैलाकर हामिद को दुआएँ देती जाती थी और आँसू की बड़ी-बड़ी बूँदें गिराती जाती थी। हामिद इसका रहस्य क्या समझता!

□

लॉटरी

जल्दी से मालदार हो जाने की हवस किसे नहीं होती? उन दिनों जब लॉटरी के टिकट आये, तो मेरे दोस्त, विक्रम के पिता, चचा, अम्मा, और भाई,सभी ने एक-एक टिकट खरीद लिया। कौन जाने, किसकी तकदीर जोर करे? किसी के नाम आये, रुपया रहेगा तो घर में ही। मगर विक्रम को सब्र न हुआ। औरों के नाम रुपये आएँगे, फिर उसे कौन पूछता है? बहुत होगा, दस-पाँच हजार उसे दे देंगे। इतने रुपयों में उसका क्या होगा? उसकी जिन्दगी में बड़े-बड़े मंसूबे थे। पहले तो उसे सम्पूर्ण जगत की यात्रा करनी थी, एक-एक कोने की। पेरू और ब्राजील और टिम्बकटू और होनोलूलू, ये सब उसके प्रोग्राम में थे। वह आँधी की तरह महीने-दो-महीने उड़कर लौट आनेवालों में न था। वह एक-एक स्थान में कई-कई दिन ठहरकर वहाँ के रहन-सहन, रीति-रिवाज आदि का अध्ययन करना और संसार-यात्रा का एक वृहद् ग्रन्थ लिखना चाहता था। फिर उसे एक बहुत बड़ा पुस्तकालय बनवाना था, जिसमें दुनिया-भर की उत्तम रचनाएँ जमा की जाएँ। पुस्तकालय के लिए वह दो लाख तक खर्च करने को तैयार था, बँगला, कार और फर्नीचर तो मामूली बातें थीं। पिता या चचा के नाम रुपये आये, तो पाँच हजार से ज्यादा का डौल नहीं, अम्मा के नाम आये, तो बीस हजार मिल जाएँगे; लेकिन भाई साहब के

नाम आ गये, तो उसके हाथ धेला भी न लगेगा। वह आत्माभिमानी था। घर वालों से खैरात या पुरस्कार के रूप में कुछ लेने की बात उसे अपमान-सी लगती थी। कहा करता था भाई, किसी के सामने हाथ फैलाने से तो किसी गड्ढे में डूब मरना अच्छा है। जब आदमी अपने लिए संसार में कोई स्थान न निकाल सके, तो यहाँ से प्रस्थान कर जाए? वह बहुत बेकरार था। घर में लॉटरी-टिकट के लिए उसे कौन रुपये देगा और वह माँगेगा भी तो कैसे? उसने बहुत सोच-विचार कर कहा, क्यों न हम-तुम साझे में एक टिकट ले लें? तजवीज मुझे भी पसन्द आयी। मैं उन दिनों स्कूल-मास्टर था। बीस रुपये मिलते थे। उसमें बड़ी मुश्किल से गुजर होती थी। दस रुपये का टिकट खरीदना मेरे लिए सफेद हाथी खरीदना था। हाँ, एक महीना दूध, घी, जलपान और ऊपर के सारे खर्च तोड़कर पाँच रुपये की गुंजाइश निकल सकती थी। फिर भी जी डरता था। कहीं से कोई बालाई रकम मिल जाय, तो कुछ हिम्मत बढ़े।

विक्रम ने कहा, 'कहो तो अपनी अँगूठी बेच डालूँ? कह दूँगा, उँगली से फिसल पड़ी।' अँगूठी दस रुपये से कम की न थी। उसमें पूरा टिकट आ सकता था; अगर कुछ खर्च किये बिना ही टिकट में आधा-साझा हुआ जाता है, तो क्या बुरा है? सहसा विक्रम फिर बोला, लेकिन भई, तुम्हें नकद देने पड़ेंगे। मैं पाँच रुपये नकद लिये बगैर साझा न करूँगा। अब मुझे औचित्य का ध्यान आ गया। बोला, नहीं दोस्त, यह बुरी बात है, चोरी खुल जाएगी तो शर्मिन्दा होना पड़ेगा और तुम्हारे साथ मुझ पर भी डाँट पड़ेगी। आखिर यह तय हुआ कि पुरानी किताबें किसी सेकेन्ड हैंड किताबों की दुकान पर बेच डाली जाएँ और उस रुपये से टिकट लिया जाय। किताबों से ज्यादा बेजरूरत हमारे पास और कोई चीज न थी। हम दोनों साथ ही मैट्रिक पास हुए थे और यह देखकर कि जिन्होंने डिग्रियाँ लीं, अपनी आँखें फोड़ीं और घर के रुपये बरबाद किये, वह भी

जूतियाँ चटका रहे थे, हमने वहीं हाल्ट कर दिया। मैं स्कूल-मास्टर हो गया और विक्रम मटरगश्ती करने लगा? हमारी पुरानी पुस्तकें अब दीमकों के सिवा हमारे किसी काम की न थीं। हमसे जितना चाटते बना चाटा; उनका सत्त निकाल लिया। अब चूहे चाटें या दीमक, हमें परवाह न थी। आज हम दोनों ने उन्हें कूड़ेखाने से निकाला और झाड़-पोंछ कर एक बड़ा-सा गट्ठर बाँधा। मास्टर था, किसी बुकसेलर की दुकान पर किताब बेचते हुए झेंपता था। मुझे सभी पहचानते थे; इसलिए यह खिदमत विक्रम के सुपुर्द हुई और वह आधा घंटे में दस रुपये का एक नोट लिये उछलता-कूदता आ पहुँचा। मैंने उसे इतना प्रसन्न कभी न देखा था। किताबें चालीस रुपये से कम की न थीं; पर यह दस रुपये उस वक्त हमें जैसे पड़े हुए मिले। अब टिकट में आधा साझा होगा। दस लाख की रकम मिलेगी। पाँच लाख मेरे हिस्से में आएँगे, पाँच विक्रम के। हम अपने इसी में मगन थे।

मैंने सन्तोष का भाव दिखाकर कहा, 'पाँच लाख भी कुछ कम नहीं होते जी!' विक्रम इतना सन्तोषी न था। बोला, 'पाँच लाख क्या, हमारे लिए तो इस वक्त पाँच सौ भी बहुत है भाई, मगर जिन्दगी का प्रोग्राम तो बदलना पड़ गया। मेरी यात्रावाली स्कीम तो टल नहीं सकती। हाँ, पुस्तकालय गायब हो गया। मैंने आपत्ति की, आखिर यात्रा में तुम दो लाख से ज्यादा तो न खर्च करोगे?'

'जी नहीं, उसका बजट है साढ़े तीन लाख का। सात वर्ष का प्रोग्राम है। पचास हजार रुपये साल ही तो हुए?'

'चार हजार महीना कहो। मैं समझता हूँ, दो हजार में तुम बड़े आराम से रह सकते हो।'

विक्रम ने गर्म होकर कहा, 'मैं शान से रहना चाहता हूँ; भिखारियों की तरह नहीं।'

'दो हजार में भी तुम शान से रह सकते हो।'

'जब तक आप अपने हिस्से में से दो लाख मुझे न दे देंगे, पुस्तकालय न बन सकेगा।'

'कोई जरूरी नहीं कि तुम्हारा पुस्तकालय शहर में बेजोड़ हो?'

'मैं तो बेजोड़ ही बनवाऊँगा।'

'इसका तुम्हें अख्तियार है, लेकिन मेरे रुपये में से तुम्हें कुछ न मिल सकेगा। मेरी जरूरतें देखो। तुम्हारे घर में काफी जायदाद है। तुम्हारे सिर कोई बोझ नहीं, मेरे सिर तो सारी गृहस्थी का बोझ है। दो बहनों का विवाह है, दो भाइयों की शिक्षा है, नया मकान बनवाना है। मैंने तो निश्चय कर लिया है कि सब रुपये सीधे बैंक में जमा कर दूँगा। उनके सूद से काम चलाऊँगा। कुछ ऐसी शर्तें लगा दूँगा, कि मेरे बाद भी कोई इस रकम में हाथ न लगा सके।'

विक्रम ने सहानुभूति के भाव से कहा, 'हाँ, ऐसी दशा में तुमसे कुछ माँगना अन्याय है। खैर, मैं ही तकलीफ उठा लूँगा; लेकिन बैंक के सूद की दर तो बहुत गिर गयी है। हमने कई बैंकों में सूद की दर देखी, अस्थायी कोष की भी; सेविंग बैंक की भी। बेशक दर बहुत कम थी। दो-ढाई रुपये सैकड़े ब्याज पर जमा करना व्यर्थ है। क्यों न लेन-देन का कारोबार शुरू किया जाए? विक्रम भी अभी यात्रा पर न जाएगा। दोनों के साझे में कोठी चलेगी, जब कुछ धन जमा हो जाएगा, तब वह यात्रा करेगा। लेन-देन में सूद भी अच्छा मिलेगा और अपना रोब-दाब भी रहेगा। हाँ, जब तक अच्छी जमानत न हो, किसी को रुपया न देना चाहिए; चाहे असामी कितना ही मोतबर क्यों न हो। और जमानत पर रुपये दें ही क्यों? जायदाद रेहन लिखाकर रुपये देंगे। फिर तो कोई खटका न रहेगा। यह मंजिल भी तय हुई।

अब यह प्रश्न उठा कि टिकट पर किसका नाम रहे। विक्रम ने अपना नाम रखने के लिए बड़ा आग्रह किया। अगर उसका नाम

न रहा, तो वह टिकट ही न लेगा! मैंने कोई उपाय न देखकर मंजूर कर लिया और बिना किसी लिखा-पढ़ी के, जिससे आगे चलकर मुझे बड़ी परेशानी हुई! एक-एक करके इन्तजार के दिन काटने लगे। भोर होते ही हमारी आँखें कैलेंडर पर जातीं। मेरा मकान विक्रम के मकान से मिला हुआ था। स्कूल जाने के पहले और स्कूल से आने के बाद हम दोनों साथ बैठकर अपने-अपने मंसूबे बाँधा करते और इस तरह साएँ-साएँ कि कोई सुन न ले, हम अपने टिकट खरीदने का रहस्य छिपाये रखना चाहते थे। यह रहस्य जब सत्य का रूप धारण कर लेगा, उस वक्त लोगों को कितना विस्मय होगा! उस दृश्य का नाटकीय आनन्द हम नहीं छोड़ना चाहते थे। एक दिन बातों-बातों में विवाह का जिक्र आ गया। विक्रम ने दार्शनिक गम्भीरता से कहा, भई, शादी-वादी का जंजाल तो मैं नहीं पालना चाहता। व्यर्थ की चिन्ता और हाय-हाय। पत्नी की नाज बरदारी में ही बहुत-से रुपये उड़ जाएँगे।

मैंने इसका विरोध किया 'हाँ, यह तो ठीक है; लेकिन जब तक जीवन के सुख-दुःख का कोई साथी न हो; जीवन का आनन्द ही क्या? मैं तो विवाहित जीवन से इतना विरक्त नहीं हूँ। हाँ, साथी ऐसा चाहता हूँ जो अन्त तक साथ रहे और ऐसा साथी पत्नी के सिवा दूसरा नहीं हो सकता।'

विक्रम जरूरत से ज्यादा तुनुकमिजाजी से बोला, 'ख़ैर, अपना-अपना दृष्टिकोण है। आपको बीवी मुबारक और कुत्तों की तरह

उसके पीछे-पीछे चलना तथा बच्चों को संसार की सबसे बड़ी विभूति और ईश्वर की सबसे बड़ी दया समझना मुबारक। बन्दा तो आजाद रहेगा, अपने मजे से चाहा और जब चाहा उड़ गये और जब चाहा घर आ गये। यह नहीं कि हर वक्त एक चौकीदार आपके सिर पर सवार हो। जरा-सी देर हुई घर आने में और फौरन जवाब तलब हुआ कहाँ थे अब तक? आप कहीं बाहर निकले और फौरन सवाल हुआ कहाँ जाते हो? और जो कहीं दुर्भाग्य से पत्नीजी भी साथ हो गयीं, तब तो डूब मरने के सिवा आपके लिए कोई मार्ग ही नहीं रह जाता। न भैया, मुझे आपसे जरा भी सहानुभूति नहीं। बच्चे को जरा-सा जुकाम हुआ और आप बेतहाशा दौड़े चले जा रहे हैं होमियोपैथिक डॉक्टर के पास। जरा उम्र खिसकी और लौंडे मनाने लगे कि कब आप प्रस्थान करें और वह गुलछर्रे उड़ाएँ। मौका मिला तो आपको जहर खिला दिया और मशहूर किया कि आपको कालरा हो गया था। मैं इस जंजाल में नहीं पड़ता।'

कुन्ती आ गयी। वह विक्रम की छोटी बहन थी, कोई ग्यारह साल की। छठे में पढ़ती थी और बराबर फेल होती थी। बड़ी चिबिल्ली, बड़ी शोख। इतने धमाके से द्वार खोला कि हम दोनों चौंककर उठ खड़े हुए।

विक्रम ने बिगड़कर कहा, 'तू बड़ी शैतान है कुन्ती, किसने तुझे बुलाया यहाँ?'

कुन्ती ने खुफिया पुलिस की तरह कमरे में नजर दौड़ाकर कहा, 'तुम लोग हरदम यहाँ किवाड़ बन्द किये बैठे क्या बातें किया करते हो? जब देखो,यहीं बैठे हो। न कहीं घूमने जाते हो, न तमाशा देखने; कोई जादू-मन्तर जगाते होंगे!'

विक्रम ने उसकी गरदन पकड़कर हिलाते हुए कहा, 'हाँ एक मन्तर जगा रहे हैं, जिसमें तुझे ऐसा दूल्हा मिले, जो रोज गिनकर पाँच हजार हण्टर जमाये सड़ासड़।'

कुन्ती उसकी पीठ पर बैठकर बोली, 'मैं ऐसे दूल्हे से ब्याह करूँगी, जो मेरे सामने खड़ा पूँछ हिलाता रहेगा। मैं मिठाई के दोने फेंक दूँगी और वह चाटेगा। जरा भी चीं-चपड़ करेगा, तो कान गर्म कर दूंगी। अम्मा को लॉटरी के रुपये मिलेंगे, तो पचास हजार मुझे दे दें। बस, चैन करूँगी। मैं दोनों वक्त ठाकुरजी से अम्मा के लिए प्रार्थना करती हूँ। अम्मा कहती हैं, कुँवारी लड़कियों की दुआ कभी निष्फल नहीं होती। मेरा मन तो कहता है, अम्मा को जरूर रुपये मिलेंगे।'

मुझे याद आया, एक बार मैं अपने ननिहाल देहात में गया था, तो सूखा पड़ा हुआ था। भादों का महीना आ गया था; मगर पानी की बूँद नहीं। सब लोगों ने चन्दा करके गाँव की सब कुँवारी लड़कियों की दावत की थी।

और उसके तीसरे ही दिन मूसलाधार वर्षा हुई थी। अवश्य ही कुँवारियों की दुआ में असर होता है। मैंने विक्रम को अर्थपूर्ण आँखों से देखा, विक्रम ने मुझे। आँखों ही में हमने सलाह कर ली और निश्चय भी कर लिया।

विक्रम ने कुन्ती से कहा, 'अच्छा, तुझसे एक बात कहें किसी से कहोगी तो नहीं? नहीं, तू तो बड़ी अच्छी लड़की है, किसी से न कहेगी। मैं अबकी तुझे खूब पढ़ाऊँगा और पास करा दूँगा। बात यह है कि हम दोनों ने भी लॉटरी का टिकट लिया है। हम लोगों के लिए भी ईश्वर से प्रार्थना किया कर। अगर हमें रुपये मिले, तो तेरे लिए अच्छे-अच्छे गहने बनवा देंगे। सच!' कुन्ती को विश्वास न आया। हमने कसमें खायीं। वह नखरे करने लगी। जब हमने उसे सिर से पाँव तक सोने और हीरे से मढ़ देने की प्रतिज्ञा की, तब वह हमारे लिए दुआ करने पर राजी हुई। लेकिन उसके पेट में मनों मिठाई पच सकती थी; वह जरा-सी बात न पची। सीधे अन्दर भागी और एक क्षण में सारे घर में वह खबर फैल गयी। अब जिसे

देखिए, विक्रम को डाँट रहा है, अम्मा भी, चचा भी, पिता भी केवल विक्रम की शुभ-कामना से या और किसी भाव से, 'कौन जाने बैठे-बैठे तुम्हें हिमाकत ही सूझती है। रुपये लेकर पानी में फेंक दिए। घर में इतने आदमियों ने तो टिकट लिया ही था, तुम्हें लेने की क्या जरूरत थी? क्या तुम्हें उसमें से कुछ न मिलते? और तुम भी मास्टर साहब, बिल्कुल घोंघा हो। लड़के को अच्छी बातें क्या सिखाओगे, उसे और चौपट किये डालते हो।'

विक्रम तो लाड़ला बेटा था। उसे और क्या कहते। कहीं रूठकर एक-दो जून खाना न खाये, तो आफत ही आ जाए। मुझ पर सारा गुस्सा उतरा। इसकी सोहबत में लड़का बिगड़ा जाता है।

'पर उपदेश कुशल बहुतेरे' वाली कहावत मेरी आँखों के सामने थी। मुझे अपने बचपन की एक घटना याद आयी। होली का दिन था। शराब की एक बोतल मँगवायी गयी थी। मेरे मामू साहब उन दिनों आये हुए थे।

मैंने चुपके से कोठरी में जाकर गिलास में एक घूँट शराब डाली और पी गया। अभी गला जल ही रहा था और आँखें लाल ही थीं, कि मामू साहब कोठरी में आ गये और मुझे मानो सेंधा में गिरफ्तार कर लिया और इतना बिगड़े इतना बिगड़े कि मेरा कलेजा सूखकर छुहारा हो गया। अम्मा ने भी डाँटा, पिताजी ने भी डाँटा, मुझे आँसुओं से उनकी क्रोधाग्नि शान्त करनी पड़ी; और दोपहर ही को मामू साहब नशे में पागल होकर गाने लगे, फिर रोये, फिर अम्मा को गालियाँ दीं, दादा के मना करने पर भी मारने दौड़े और आखिर में कै करके जमीन पर बेसुध पड़े नजर आये।

विक्रम के पिता बड़े ठाकुर साहब और ताऊ छोटे ठाकुर साहब दोनों जड़वादी थे, पूजा-पाठ की हँसी उड़ाने वाले, पूरे नास्तिक; मगर अब दोनों बड़े निष्ठावान् और ईश्वर भक्त हो गये थे। बड़े ठाकुर साहब प्रात:काल गंगा-स्नान करने जाते और मन्दिरों के

चक्कर लगाते हुए दोपहर को सारी देह में चन्दन लपेटे घर लौटते। छोटे ठाकुर साहब घर पर ही गर्म पानी से स्नान करते और गठिया से ग्रस्त होने पर भी राम-नाम लिखना शुरू कर देते। धूप निकल आने पर पार्क की ओर निकल जाते और चींटियों को आटा खिलाते। शाम होते ही दोनों भाई अपने ठाकुरद्वारे में जा बैठते और आधी रात तक भागवत की कथा तन्मय होकर सुनते। विक्रम के बड़े भाई प्रकाश को साधु-महात्माओं पर अधिक विश्वास था। वह मठों और साधुओं के अखाड़ों तथा कुटियों की खाक छानते और माताजी को तो भोर से आधी रात तक स्नान, पूजा और व्रत के सिवा दूसरा काम ही न था। इस उम्र में भी उन्हें सिंगार का शौक था; पर आजकल पूरी तपस्विनी बनी हुई थीं। लोग नाहक लालसा को बुरा कहते हैं। मैं तो समझता हूँ, हममें जो यह भक्ति-निष्ठा और धर्म-प्रेम है, वह केवल हमारी लालसा, हमारी हवस के कारण। हमारा धर्म हमारे स्वार्थ के बल पर टिका हुआ है। हवस मनुष्य के मन और बुद्धि का इतना संस्कार कर सकती है, यह मेरे लिए बिल्कुल नया अनुभव था। हम दोनों भी ज्योतिषियों और पंडितों से प्रश्न करके अपने को कभी दुखी कर लिया करते थे।

ज्यों-ज्यों लॉटरी का दिवस समीप आता जाता था, हमारे चित्त की शान्ति उड़ती जाती थी। हमेशा उसी ओर मन टँगा रहता। मुझे आप-ही-आप अकारण सन्देह होने लगा कि कहीं विक्रम मुझे हिस्सा देने से इनकार कर दे, तो मैं क्या करूँगा। साफ इनकार

कर जाए कि तुमने टिकट में साझा किया ही नहीं। न कोई तहरीर है, न कोई दूसरा सबूत। सब कुछ विक्रम की नीयत पर है। उसकी नीयत जरा भी डावाँडोल हुई कि काम-तमाम। कहीं फरियाद नहीं कर सकता, मुँह तक नहीं खोल सकता। अब अगर कुछ कहूँ भी तो कुछ लाभ नहीं। अगर उसकी नीयत में फितूर आ गया है तब तो वह अभी से इनकार कर देगा; अगर नहीं आया है, तो इस सन्देह से उसे मर्मान्तक वेदना होगी। आदमी ऐसा तो नहीं है; मगर भाई, दौलत पाकर ईमान सलामत रखना कठिन है। अभी तो रुपये नहीं मिले हैं। इस वक्त ईमानदार बनने में क्या खर्च होता है? परीक्षा का समय तो तब आएगा, जब दस लाख रुपये हाथ में होंगे। मैंने अपने अन्तःकरण को टटोला अगर टिकट मेरे नाम का होता और मुझे दस लाख मिल जाते, तो क्या मैं आधे रुपये बिना कान-पूँछ हिलाये विक्रम के हवाले कर देता? कौन कह सकता है; मगर अधिक सम्भव यही था कि मैं हीले-हवाले करता, कहता तुमने मुझे पाँच रुपये उधर दिये थे। उसके दस ले लो, सौ ले लो और क्या करोगे; मगर नहीं, मुझसे इतनी बद-नीयती न होती।

दूसरे दिन हम दोनों अखबार देख रहे थे कि सहसा विक्रम ने कहा, कहीं हमारा टिकट निकल आये, तो मुझे अफसोस होगा कि नाहक तुमसे साझा किया! वह सरल भाव से मुस्कराया, मगर यह थी उसके आत्मा की झलक जिसे वह विनोद की आड़ में छिपाना चाहता था। मैंने चौंककर कहा, 'सच! लेकिन इसी तरह मुझे भी तो अफसोस हो सकता है?'

'लेकिन टिकट तो मेरे नाम का है?'

'इससे क्या।'

'अच्छा, मान लो, मैं तुम्हारे साझे से इनकार कर जाऊँ?'

मेरा खून सर्द हो गया। आँखों के सामने अँधेरा छा गया।

'मैं तुम्हें इतना बदनीयत नहीं समझता था।'

'मगर है बहुत सम्भव। पाँच लाख। सोचो! दिमाग चकरा जाता है!'

'तो भाई, अभी से कुशल है, लिखा-पढ़ी कर लो! यह संशय रहे ही क्यों?'

विक्रम ने हँसकर कहा, 'तुम बड़े शक्की हो यार! मैं तुम्हारी परीक्षा ले रहा था। भला, ऐसा कहीं हो सकता है? पाँच लाख क्या, पाँच करोड़ भी हों, तब भी ईश्वर चाहेगा, तो नीयत में खलल न आने दूँगा।'

किन्तु मुझे उसके इस आश्वासन पर बिल्कुल विश्वास न आया। मन में एक संशय बैठ गया।

मैंने कहा, 'यह तो मैं जानता हूँ, तुम्हारी नीयत कभी विचलित नहीं हो सकती, लेकिन लिखा-पढ़ी कर लेने में क्या हरज है?'

'फजूल है।'

'फजूल ही सही।'

'तो पक्के कागज पर लिखना पड़ेगा। दस लाख की कोर्ट-फीस ही साढ़े सात हजार हो जायगी। किस भ्रम में हैं आप?'

मैंने सोचा, 'बला से सादी लिखा-पढ़ी के बल पर कोई कानूनी कार्रवाई न कर सकूँगा। पर इन्हें लज्जित करने का, इन्हें जलील करने का, इन्हें सबके सामने बेईमान सिद्ध करने का अवसर तो मेरे हाथ आएगा और दुनिया में बदनामी का भय न हो, तो आदमी न जाने क्या करे। अपमान का भय कानून के भय से किसी तरह कम क्रियाशील नहीं होता। बोला, 'मुझे सादे कागज पर ही विश्वास आ जाएगा।'

विक्रम ने लापरवाही से कहा, 'जिस कागज का कोई कानूनी महत्त्व नहीं, उसे लिखकर क्या समय नष्ट करें?'

मुझे निश्चय हो गया कि विक्रम की नीयत में अभी से फितूर आ गया। नहीं तो सादा कागज लिखने में क्या बाधा हो सकती

है? बिगड़कर कहा, 'तुम्हारी नीयत तो अभी से खराब हो गयी, उसने निर्लज्जता से कहा, 'तो क्या तुम साबित करना चाहते हो कि ऐसी दशा में तुम्हारी नीयत न बदलती?'

'मेरी नीयत इतनी कमजोर नहीं है?'

'रहने भी दो। बड़ी नीयतवाले! अच्छे-अच्छे को देखा है!'

'तुम्हें इसी वक्त लेखाबद्ध होना पड़ेगा। मुझे तुम्हारे ऊपर विश्वास नहीं रहा।'

'अगर तुम्हें मेरे ऊपर विश्वास नहीं है, तो मैं भी नहीं लिखता।'

'तो क्या तुम समझते हो, तुम मेरे रुपये हजम कर जाओगे?'

'किसके रुपये और कैसे रुपये?'

'मैं कहे देता हूँ विक्रम, हमारी दोस्ती का ही अन्त न हो जाएगा, बल्कि इससे कहीं भयंकर परिणाम होगा।'

हिंसा की एक ज्वाला-सी मेरे अन्दर दहक उठी। सहसा दीवानखाने में झड़प की आवाज सुनकर मेरा ध्यान उधर चला गया। यहाँ दोनों ठाकुर बैठा करते थे। उनमें ऐसी मैत्री थी, जो आदर्श भाइयों में हो सकती है। राम और लक्ष्मण में भी इतनी ही रही होगी। झड़प की तो बात ही क्या, मैंने उनमें कभी विवाद होते भी न सुना था। बड़े ठाकुर जो कह दें, वह छोटे ठाकुर के लिए कानून था और छोटे ठाकुर की इच्छा देखकर ही बड़े ठाकुर कोई बात कहते थे। हम दोनों को आश्चर्य हुआ दीवानखाने के द्वार पर जाकर खड़े हो गये। दोनों भाई अपनी-अपनी कुर्सियों से उठकर खड़े हो गये थे, एक-एक कदम आगे भी बढ़ आये थे, आँखें लाल, मुख विकृत, त्योरियाँ चढ़ी हुईं, मुट्ठियाँ बँधी हुईं। मालूम होता था, बस हाथापाई हुई ही चाहती है। छोटे ठाकुर ने हमें देखकर पीछे हटते हुए कहा, 'सम्मिलित परिवार में जो कुछ भी और कहीं से भी और किसी के नाम भी आये, वह सबका है, बराबर।'

बड़े ठाकुर ने विक्रम को देखकर एक कदम और आगे बढ़ाया—

'हरगिज नहीं, अगर मैं कोई जुर्म करूँ तो मैं पकड़ा जाऊँगा, सम्मिलित परिवार नहीं। मुझे सजा मिलेगी, सम्मिलित परिवार को नहीं। यह वैयक्तिक प्रश्न है।'

'इसका फैसला अदालत से होगा।'

'शौक से अदालत जाइए। अगर मेरे लड़के, मेरी बीवी या मेरे नाम लॉटरी निकली, तो आपका उससे कोई सम्बन्ध न होगा, उसी तरह जैसे आपके नाम लॉटरी निकले, तो मुझसे, मेरी बीवी से या मेरे लड़के से उससे कोई सम्बन्ध न होगा।'

'अगर मैं जानता कि आपकी ऐसी नीयत है, तो मैं भी बीवी-बच्चों के नाम से टिकट ले सकता था।'

'यह आपकी गलती है।'

'इसीलिए कि मुझे विश्वास था, आप भाई हैं।'

'यह जुआ है, आपको समझ लेना चाहिए था। जुए की हार-जीत का खानदान पर कोई असर नहीं पड़ सकता। अगर आप कल को दस-पाँच हजार रेस में हार आएँ, तो खानदान उसका जिम्मेदार न होगा।'

'मगर भाई का हक दबाकर आप सुखी नहीं रह सकते।'

'आप न ब्रह्मा हैं, न ईश्वर और न कोई महात्मा।'

विक्रम की माता ने सुना कि दोनों भाइयों में ठनी हुई है और मल्लयुद्ध हुआ चाहता है, तो दौड़ी हुई बाहर आयीं और दोनों को समझाने लगीं।

छोटे ठाकुर ने बिगड़कर कहा, 'आप मुझे क्या समझाती हैं, उन्हें समझाइए, जो चार-चार टिकट लिये हुए बैठे हैं। मेरे पास क्या है, एक टिकट। उसका क्या भरोसा। मेरी अपेक्षा जिन्हें रुपये मिलने का चौगुना चांस है, उनकी नीयत बिगड़ जाए, तो लज्जा और दुःख की बात है।'

ठकुराइन ने देवर को दिलासा देते हुए कहा, 'अच्छा, मेरे रुपये

में से आधे तुम्हारे। अब तो खुश हो।'

बड़े ठाकुर ने बीवी की जबान पकड़ी—'क्यों आधे ले लेंगे? मैं एक धेला भी न दूँगा। हम मुरौवत और सहृदयता से काम लें, फिर भी उन्हें पाँचवें हिस्से से ज्यादा किसी तरह न मिलेगा। आधे का दावा किस नियम से हो सकता है? न बौद्धिक, न धार्मिक, न नैतिक। छोटे ठाकुर ने खिसियाकर कहा, 'सारी दुनिया का कानून आप ही तो जानते हैं।'

'जानते ही हैं, तीस साल तक वकालत नहीं की है?'

'यह वकालत निकल जाएगी, जब सामने कलकत्ते का बैरिस्टर खड़ा कर दूँगा।'

'बैरिस्टर की ऐसी-तैसी, चाहे वह कलकत्ते का हो या लन्दन का!'

'मैं आधा लूँगा, उसी तरह जैसे घर की जायदाद में मेरा आधा है।'

इतने में विक्रम के बड़े भाई साहब सिर और हाथ में पट्टी बाँधे, लँगड़ाते हुए, कपड़ों पर ताजा खून के दाग लगाये, प्रसन्न-मुख आकर एक आरामकुर्सी पर गिर पड़े। बड़े ठाकुर ने घबड़ाकर पूछा, 'यह तुम्हारी क्या हालत है जी? ऐं, यह चोट कैसे लगी? किसी से मार-पीट तो नहीं हो गयी?'

प्रकाश ने कुर्सी पर लेटकर एक बार कराहा, फिर मुस्कराकर बोले, 'जी, कोई बात नहीं, ऐसी कुछ बहुत चोट नहीं लगी।'

'कैसे कहते हो कि चोट नहीं लगी? सारा हाथ और सिर सूज गया है। कपड़े खून से तर। यह मुआमला क्या है? कोई मोटर दुर्घटना तो नहीं हो गयी?'

'बहुत मामूली चोट है साहब, दो-चार दिन में अच्छी हो जाएगी। घबराने की कोई बात नहीं।'

प्रकाश के मुख पर आशापूर्ण, शान्त मुस्कान थी। क्रोध, लज्जा

या प्रतिशोध की भावना का नाम भी न था।

बड़े ठाकुर ने और व्यग्र होकर पूछा, 'लेकिन हुआ क्या, यह क्यों नहीं बतलाते? किसी से मार-पीट हुई हो तो थाने में रपट करवा दूँ।'

प्रकाश ने हलके मन से कहा, 'मार-पीट किसी से नहीं हुई साहब। बात यह है कि मैं जरा झक्कड़ बाबा के पास चला गया था। आप तो जानते हैं, वह आदमियों की सूरत से भागते हैं और पत्थर लेकर मारने दौड़ते हैं। जो डरकर भागा, वह गया। जो पत्थर की चोटें खाकर भी उनके पीछे लगा रहा, वह पारस हो गया। वह यही परीक्षा लेते हैं। आज मैं वहाँ पहुँचा, तो कोई पचास आदमी जमा थे, कोई मिठाई लिये, कोई बहुमूल्य भेंट लिये, कोई कपड़ों के थान लिये। झक्कड़ बाबा ध्यानावस्था में बैठे हुए थे। एकाएक उन्होंने आँखें खोलीं और यह जन-समूह देखा, तो कई पत्थर चुनकर उनके पीछे दौड़े। फिर क्या था, भगदड़ मच गयी। लोग गिरते-पड़ते भागे। हुर्र हो गये। एक भी न टिका। अकेला मैं घंटेघर की तरह वहीं डटा रहा। बस उन्होंने पत्थर चला ही तो दिया। पहला निशाना सिर में लगा। उनका निशाना अचूक पड़ता है। खोपड़ी भन्ना गयी, खून की धारा बह चली; लेकिन मैं हिला नहीं। फिर बाबाजी ने दूसरा पत्थर फेंका। वह हाथ में लगा। मैं गिर पड़ा और बेहोश हो गया। जब होश आया, तो वहाँ सन्नाटा था। बाबाजी भी गायब हो गये थे। अन्तर्धान हो जाया करते हैं। किसे पुकारूँ, किससे सवारी लाने को कहूँ? मारे दर्द के हाथ फटा पड़ता था और सिर से अभी तक खून जारी था।

किसी तरह उठा और सीधा डॉक्टर के पास गया। उन्होंने देखकर कहा, हड्डी टूट गयी है और पट्टी बाँध दी; गर्म पानी से सेंकने को कहा, है। शाम को फिर आएँगे, मगर चोट लगी तो लगी; अब लॉटरी मेरे नाम आयी धरी है। यह निश्चय है। ऐसा कभी हुआ ही नहीं कि झक्कड़ बाबा की मार खाकर कोई नामुराद रह गया हो। मैं तो सबसे पहले बाबा की कुटी बनवा दूँगा।'

बड़े ठाकुर साहब के मुख पर सन्तोष की झलक दिखायी दी। फौरन पलंग बिछ गया। प्रकाश उस पर लेटे। ठकुराइन पंखा झलने लगीं, उनका भी मुख प्रसन्न था। इतनी चोट खाकर दस लाख पा जाना कोई बुरा सौदा न था। छोटे ठाकुर साहब के पेट में चूहे दौड़ रहे थे। ज्यों ही बड़े ठाकुर भोजन करने गये और ठकुराइन भी प्रकाश के लिए भोजन का प्रबन्ध करने गयीं, त्यों ही छोटे ठाकुर ने प्रकाश से पूछा, 'क्या बहुत जोर से पत्थर मारते हैं?'

'जोर से तो क्या मारते होंगे!'

प्रकाश ने उनका आशय समझकर कहा, 'अरे साहब, पत्थर नहीं मारते, बमगोले मारते हैं। देव-सा तो डील-डौल है और बलवान इतने हैं कि एक घूँसे में शेरों का काम तमाम कर देते हैं। कोई ऐसा-वैसा आदमी हो, तो एक ही पत्थर में टें हो जाए। कितने ही तो मर गये; मगर आज तक झक्कड़ बाबा पर मुकदमा नहीं चला। और दो-चार पत्थर मारकर ही नहीं रह जाते,जब तक आप गिर न पड़ें और बेहोश न हो जाएँ, वह मारते ही जाएँगे; मगर रहस्य यही है कि आप जितनी ज्यादा चोटें खाएँगे, उतने ही अपने उद्देश्य के निकट पहुँचेंगे।' प्रकाश ने ऐसा रोएँ खड़े कर देने वाला चित्र खींचा कि छोटे ठाकुर साहब थर्रा उठे। पत्थर खाने की हिम्मत न पड़ी।

आखिर भाग्य के निपटारे का दिन आया जुलाई की बीसवीं तारीख कत्ल की रात! हम प्रातःकाल उठे, तो जैसे एक नशा चढ़ा

हुआ था, आशा और भय के द्वन्द्व का। दोनों ठाकुरों ने घड़ी रात रहे गंगा-स्नान किया था और मन्दिर में बैठे पूजन कर रहे थे। आज मेरे मन में श्रद्धा जागी। मन्दिर में जाकर मन-ही-मन ठाकुरजी की स्तुति करने लगा, अनाथों के नाथ, तुम्हारी कृपादृष्टि क्या हमारे ऊपर न होगी? तुम्हें क्या मालूम नहीं, हमसे ज्यादा तुम्हारी दया कौन डिज़र्व करता है? विक्रम सूट-बूट पहने मन्दिर के द्वार पर आया, मुझे इशारे से बुलाकर इतना कहा, मैं डाकखाने जाता हूँ और हवा हो गया। जरा देर में प्रकाश मिठाई के थाल लिए हुए घर में से निकले और मन्दिर के द्वार पर खड़े होकर कंगालों को बाँटने लगे, जिनकी एक भीड़ जमा हो गयी थी। और दोनों ठाकुर भगवान के चरणों में लौ लगाये हुए थे, सिर झुकाये, आँखें बन्द किये हुए, अनुराग में डूबे हुए। बड़े ठाकुर ने सिर उठाकर पुजारी की ओर देखा और बोले, 'भगवान तो बड़े भक्त-वत्सल हैं, क्यों पुजारीजी?'

पुजारीजी ने समर्थन किया, 'हाँ सरकार, भक्तों की रक्षा के लिए तो भगवान् क्षीरसागर से दौड़े और गज को ग्राह के मुँह से बचाया।'

एक क्षण के बाद छोटे ठाकुर साहब ने सिर उठाया और पुजारीजी से बोले क्यों, पुजारीजी, भगवान तो सर्वशक्तिमान हैं, अन्तर्यामी, सबके दिल का हाल जानते हैं।'

पुजारी ने समर्थन किया—'हाँ सरकार, अन्तर्यामी न होते तो सबके मन की बात कैसे जान जाते? शबरी का प्रेम देखकर स्वयं उसकी मनोकामना पूरी की।'

पूजन समाप्त हुआ। आरती हुई। दोनों भाइयों ने आज ऊँचे स्वर से आरती गायी और बड़े ठाकुर ने दो रुपये थाल में डाले। छोटे ठाकुर ने चार रुपये डाले। बड़े ठाकुर ने एक बार कोप-दृष्टि से देखा और मुँह फेर लिया।

सहसा बड़े ठाकुर ने पुजारी से पूछा, 'तुम्हारा मन क्या कहता

है पुजारीजी ?'

पुजारी बोला, 'सरकार की फ़तह (जीत) है।'

छोटे ठाकुर ने पूछा, 'और मेरी ?'

पुजारी ने उसी मुस्तैदी से कहा, 'आपकी भी फ़तह है।'

बड़े ठाकुर श्रद्धा से डूबे भजन गाते हुए मन्दिर से निकले— 'प्रभुजी, मैं तो आयो सरन तिहारे, हाँ प्रभुजी!'

एक मिनट में छोटे ठाकुर साहब भी मन्दिर से गाते हुए निकले— 'अब पत राखो मोरे दयानिधान तोरी गति लखि ना परे!'

मैं भी पीछे निकला और जाकर मिठाई बाँटने में प्रकाश बाबू की मदद करना चाहा; उन्होंने थाल हटाकर कहा, आप रहने दीजिए, मैं अभी बाँटे डालता हूँ। अब रह ही कितनी गयी है ? मैं खिसियाकर डाकखाने की तरफ चला कि विक्रम मुस्कराता हुआ साइकिल पर आ पहुँचा। उसे देखते ही सभी जैसे पागल हो गये। दोनों ठाकुर सामने ही खड़े थे। दोनों बाज की तरह झपटे। प्रकाश के थाल में थोड़ी-सी मिठाई बच रही थी। उसने थाल जमीन पर पटका और दौड़ा। और मैंने तो उस उन्माद में विक्रम को गोद में उठा लिया; मगर कोई उससे कुछ पूछता नहीं, सभी जय-जयकार की हाँक लगा रहे हैं।

बड़े ठाकुर ने आकाश की ओर देखा, 'बोलो राजा रामचन्द्र की जय!'

छोटे ठाकुर ने छलाँग मारी, 'बोलो हनुमानजी की जय!'

प्रकाश तालियाँ बजाता हुआ चीखा, 'दुहाई झक्कड़ बाबा की!'

विक्रम ने और जोर से कहकहा, मारा और फिर अलग खड़ा होकर बोला, 'जिसका नाम आया है, उससे एक लाख लूँगा! बोलो, है मंजूर ?'

बड़े ठाकुर ने उसका हाथ पकड़ा—'पहले बता तो!'

'ना! यों नहीं बताता।'

'छोटे ठाकुर बिगड़े ... महज बताने के लिए एक लाख? शाबाश!'

प्रकाश ने भी त्योरी चढ़ायी, 'क्या डाकखाना हमने देखा नहीं है?'

'अच्छा, तो अपना-अपना नाम सुनने के लिए तैयार हो जाओ।'

सभी लोग फौजी-अटेंशन की दशा में निश्चल खड़े हो गये।

'होश-हवास ठीक रखना!'

सभी पूर्ण सचेत हो गये।

'अच्छा, तो सुनिए कान खोलकर इस शहर का सफाया है। इस शहर का ही नहीं, सम्पूर्ण भारत का सफाया है। अमेरिका के एक हब्शी का नाम आ गया।'

बड़े ठाकुर झल्लाये, 'झूठ-झूठ, बिल्कुल झूठ!'

छोटे ठाकुर ने पैंतरा बदला कभी नहीं। तीन महीने की तपस्या यों ही रही? वाह?'

प्रकाश ने छाती ठोंककर कहा, 'यहाँ सिर मुड़वाये और हाथ तुड़वाये बैठे हैं, दिल्लगी है!'

इतने में और पचासों आदमी उधर से रोनी सूरत लिये निकले। ये बेचारे भी डाकखाने से अपनी किस्मत को रोते चले आ रहे थे। मार ले गया, अमेरिका का हब्शी! अभागा! पिशाच! दुष्ट! अब कैसे किसी को विश्वास न आता? बड़े ठाकुर झल्लाये हुए मन्दिर में गये और पुजारी को डिसमिस कर दिया, इसीलिए तुम्हें इतने दिनों से पाल रखा है। हराम का माल खाते हो और चैन करते हो। छोटे ठाकुर साहब की तो जैसे कमर टूट गयी। दो-तीन बार सिर पीटा और वहीं बैठ गये; मगर प्रकाश के क्रोध का पारावार न था। उसने अपना मोटा सोटा लिया और झक्कड़ बाबा की मरम्मत करने चला। माताजी ने केवल इतना कहा, 'सभी ने बेईमानी की है। मैं कभी मानने की नहीं। हमारे देवता क्या करें? किसी के हाथ

से थोड़े ही छीन लाएँगे?'

रात को किसी ने खाना नहीं खाया। मैं भी उदास बैठा हुआ था कि विक्रम आकर बोला, 'चलो, होटल से कुछ खा आएँ। घर में तो चूल्हा नहीं जला।'

मैंने पूछा, तुम डाकखाने से आये, 'तो बहुत प्रसन्न क्यों थे?'

उसने कहा, जब मैंने डाकखाने के सामने हजारों की भीड़ देखी, तो मुझे अपने लोगों के गधेपन पर हँसी आयी। एक शहर में जब इतने आदमी हैं, तो सारे हिन्दुस्तान में इसके हजार गुने से कम न होंगे। और दुनिया में तो लाख गुने से भी ज्यादा हो जाएँगे। मैंने आशा का जो एक पर्वत-सा खड़ा कर रखा था, वह जैसे एकबारगी इतना छोटा हुआ कि राई बन गया, और मुझे हँसी आयी। जैसे कोई दानी पुरुष छटाँक-भर अन्न हाथ में लेकर एक लाख आदमियों को नेवता दे बैठे और यहाँ हमारे घर का एक-एक आदमी समझ रहा है कि...

मैं भी हँसा 'हाँ, बात तो यथार्थ में यही है और हम दोनों लिखा-पढ़ी के लिए लड़े मरते थे; मगर सच बताना, तुम्हारी नीयत खराब हुई थी कि नहीं?'

विक्रम मुस्कराकर बोला, 'अब क्या करोगे पूछकर? परदा ढँका रहने दो।'

□□□